PÉRINET LECLERC.

Prix : 3 fr. 50 c.

IMPRIMERIE DE P. DUPONT ET LAGUIONIE,
Hôtel-des-Fermes. — Paris.

Pour le tuer, n'est-ce pas ? (Scène VI, Acte 1er)

PÉRINET LECLERC,

OU

PARIS EN 1418,

DRAME HISTORIQUE EN CINQ ACTES,

PAR

MM. ANICET BOURGEOIS ET LOCKROY.

MUSIQUE DE M. A. PICCINI;

REPRÉSENTÉ, POUR LA PREMIÈRE FOIS,

LE THÉÂTRE DE LA PORTE SAINT-MARTIN,

Le 3 Novembre 1832.

PARIS,

J. N. BARBA, LIBRAIRE,

PALAIS-ROYAL, GRANDE COUR, DERRIÈRE LE THÉÂTRE-FRANÇAIS.

1832.

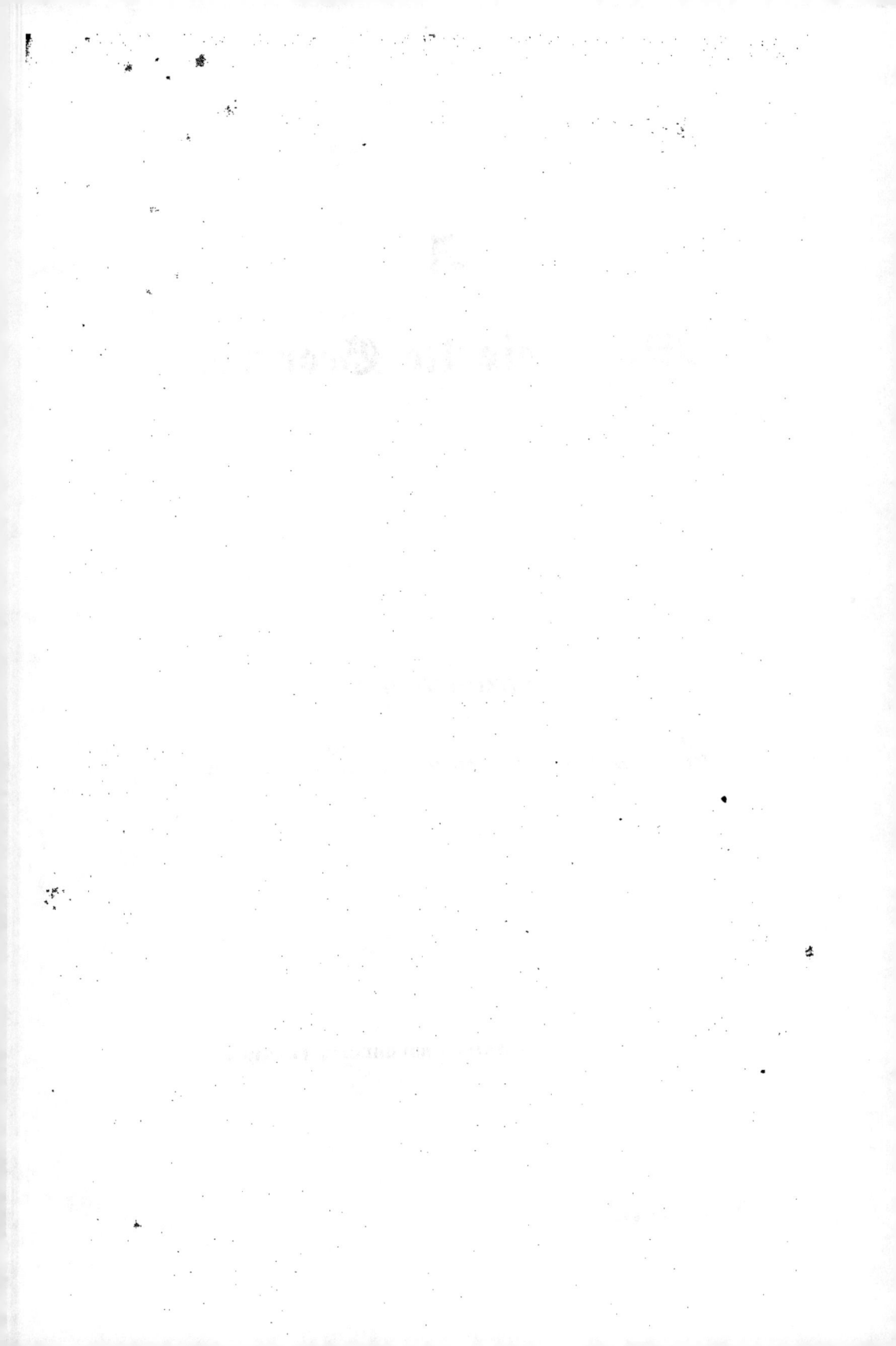

A

Mademoiselle Georges.

Témoignage

de Reconnaissance et d'Amitié.

ANICET BOURGEOIS, LOCKROY.

15 Novembre 1831.

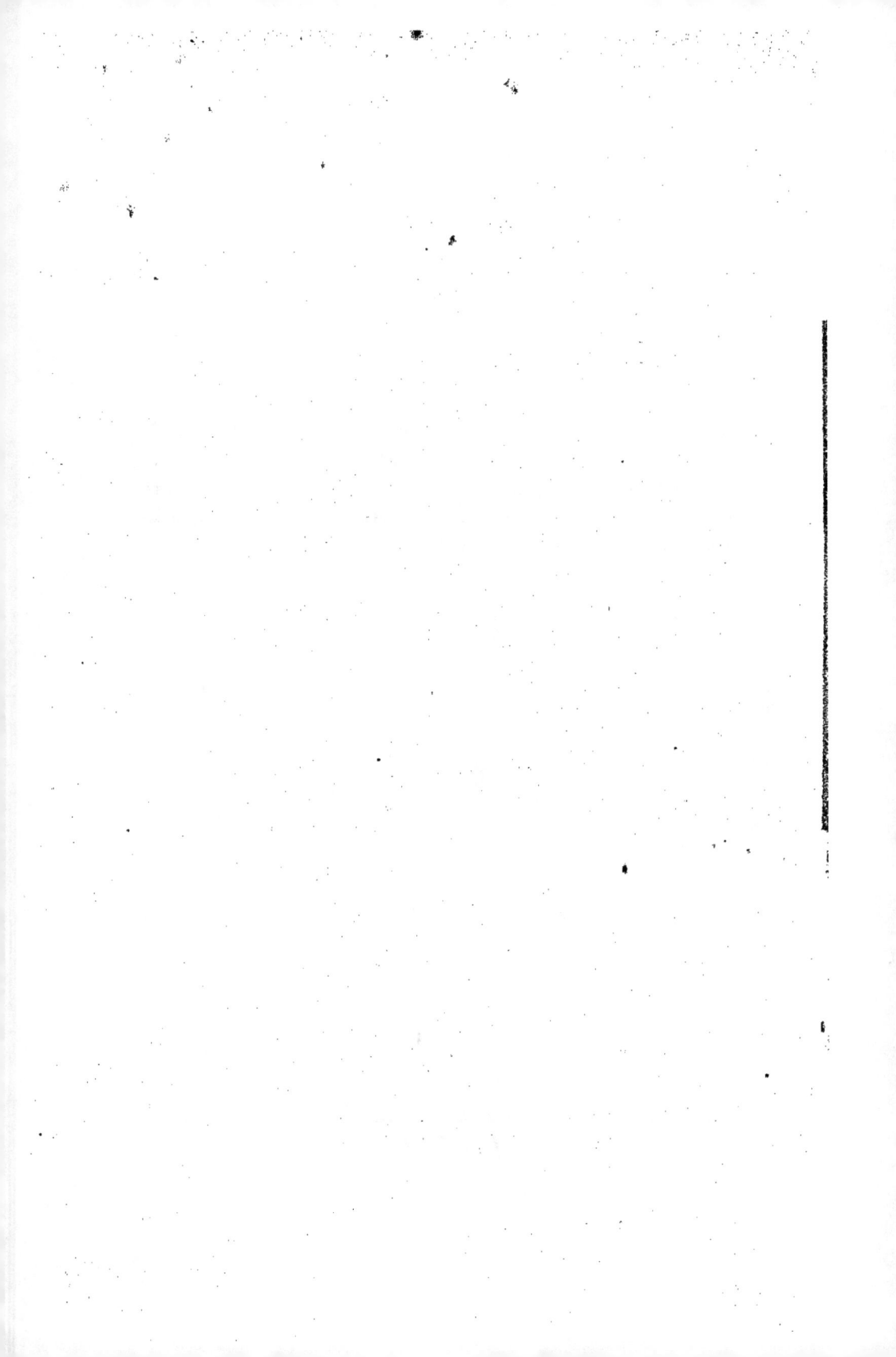

Nos sincères remercîmens à tous les acteurs qui ont assuré le succès de notre Drame. Quelques-uns, en acceptant de très-faibles rôles, ont donné une grande preuve de zèle; et nous avons de ce moment contracté envers eux une dette que nous serons heureux de pouvoir acquitter un jour.

S'adresser, pour la Musique, à M. Piccini, compositeur, au théâtre de la Porte-Saint-Martin.

PERSONNAGES.	ACTEURS.
CHARLES VI.	MM. Delafosse.
LE COMTE D'ARMAGNAC, connétable de France.	Delaître.
VILLIERS DE L'ISLE-ADAM.	Provost.
DUPUY.	Chéri.
DE BOIS-BOURDON.	Chilly.
DE CHATELUZ.	Héret.
DE GRAVILLE.	Tournan.
LECLERC, échevin de Paris.	Auguste.
PÉRINET LECLERC, son fils.	Lockroy.
BOURDICHON, potier d'étain.	Serres.
JEHAN, écolier de Cluny.	Monval.
JACQUES, tavernier.	Moessard.
GERVAIS, batelier.	Auguste Z.
ROBERT, sergent des archers du roi.	Saint-Pol.
OLIVIER, archer.	Vissot.
UN ARCHER.	Davesnes.
LE TOURMENTEUR.	Marchand.
UN BOURGEOIS.	Fonbonne.
ISABEAU DE BAVIÈRE, reine de France.	Mᵐᵉˢ Georges.
MARIE.	Juliette.
Mᵐᵉ BOURDICHON.	Adolphe.
DEUX COMMÈRES	{ Simon. { Oudry.
SEIGNEURS.	
BOURGEOIS.	
ARCHERS.	
ÉCOLIERS DE CLUNY.	

——————

La scène se passe, au premier acte, au château de Vincennes. Au deuxième, à Paris, devant le Grand-Châtelet. Le troisième, au château de Crucy. Le quatrième, à Paris, à la porte Saint-Germain. Le cinquième, dans la maison de Bourdichon.

N. B. Beaucoup de rôles peuvent être doublés et même triplés.

PERRINET LECLERC,

DRAME.

ACTE PR[EMIER].

L'extérieur du château de Vincennes. A droite
les remparts; à gauche, indiquée par quelqu[...]
conduit à Paris. Il fait nuit.

SCÈNE PREMIÈRE.

PERRINET LECLERC, LE CHEVALIER BOURD[ON.]

(Bourdon, enveloppé d'un manteau, entre le premier, en regardant avec
impatience derrière lui. Il s'arrête au milieu du théâtre, au moment
où Perrinet, couvert d'un manteau, comme lui, paraît au fond. Bourdon, voyant Perrinet arrêté, va s'asseoir sur une pierre au bord du
fossé. Perrinet traverse le théâtre, et s'appuie contre un arbre vis-à-vis
de lui. Ils s'observent quelque temps.)

BOURDON.

Holà, mon maître! Vous plairait-il de changer de route,
ou de marcher le premier à votre tour?

PERRINET.

Pourquoi cela?

BOURDON.

Parce que je ne me crois pas d'assez haute maison pour
avoir un écuyer derrière moi, et que, si la fantaisie me pre-
nait de me faire suivre d'un page, j'en choisirais un de meil-
leure mine.

PERRINET.

Par ma foi, messire, je ne sais lequel de nous deux inspirerait plus de confiance à messieurs de la prevôté; mais je ne changerai pas de route, parce que celle-ci est la seule qui mène où je vais, et qu'elle finit ici. Je ne vous empêche pas de continuer la vôtre.

BOURDON.

La mienne est achevée aussi, et c'est assez te dire que j'ai moins que jamais besoin de compagnon.

PERRINET.

C'est comme moi.

BOURDON.

Or ça, mon brave, il faut que je rentre dans Paris avant le jour; il vous reste à peine une heure de nuit, et je n'ai pas envie de la passer ici avec toi. Va-t'en, ou dis-moi ton nom.

PERRINET.

Quand vous m'aurez dit le vôtre.

BOURDON.

J'ai mes raisons pour le tenir caché.

PERRINET.

Et moi les miennes..

BOURDON, s'avançant vers lui.

Quand on prend ce ton avec moi, il faut le soutenir jusqu'au bout. Sus, mon maître, mettez-vous sur vos gardes : la nuit n'est pas tellement obscure qu'on ne puisse se servir de son épée.

PERRINET, s'élançant d'un bond sur lui, et lui retenant le bras.

Un moment ! je ne suis pas venu ici pour me battre ; je n'en ai pas le temps. (*Reconnaissant Bourdon.*) Le chevalier Bourdon !

BOURDON, tirant son poignard.

Tu me connais !

PERRINET.

Laissez votre dague au fourreau, monseigneur : vous vous repentiriez de vous en être servi.

BOURDON.

Qui es-tu ?

PERRINET.

Je me nomme Perrinet Leclerc. Mon père est échevin, gardien des clefs de la porte Saint-Germain.

BOURDON.

N'es-tu pas vendeur de fer au Petit-Pont?

PERRINET.

Oui, monseigneur, et c'est chez moi que vous avez acheté l'armure que vous portiez dans le dernier tournoi, alors que madame Isabeau, notre gracieuse reine, voulut vous couronner elle-même.

BOURDON.

Que viens-tu faire au château de Vincennes? Ignores-tu qu'à cette heure de nuit nul n'a le droit d'y pénétrer, fût-il comte, baron ou frère du roi? Ignores-tu que tous les ponts-levis en sont levés, les portes fermées?

PERRINET.

Pas plus que vous ne l'ignorez, vous, monseigneur, qui y venez cependant.

BOURDON.

Par où donc espères-tu t'y introduire?

PERRINET.

Par l'endroit où vous étiez, et qui permet de descendre dans le fossé, par le mur en face, qu'il est facile d'escalader, par le rempart où aucune sentinelle ne veille. Nous nous sommes arrêtés tous deux sur le bord du chemin, monseigneur.

BOURDON.

Imprudent! Tu ne sais donc pas tout ce qu'on risque à épier ainsi ma pensée? Tu ne sais donc pas que si je ne te connaissais homme franc et loyal, Perrinet, un coup de ma dague t'aurait déjà étendu à mes pieds comme un espion du connétable d'Armagnac?

PERRINET.

Moi! ah! monseigneur; si un pareil soupçon vous est venu, je suis bien malheureux d'avoir parlé comme je l'ai fait; car il faut maintenant que je vous dise ce qui m'a conduit ici, que je vous confie un projet que j'ai caché même à mon père. Espion du connétable! Eh! c'est lui qui m'a séparé de ma fiancée!

BOURDON.

Comment?

PERRINET.

Vous allez voir, monseigneur : oh! je ne lui pardonnerai

jamais. Marie a été élevée par madame Bourdichon, la femme
d'un potier d'étain, bon bourgeois comme moi, qui l'avait
recueillie chez elle toute petite, car Marie est pauvre et n'a
plus de parens. La maison qu'ils habitent touche presque à
l'hôtel Saint-Paul, où demeure le connétable ; si bien que
pour sortir de chez lui, ou bien pour y rentrer, le comte
d'Armagnac passe chaque jour devant leur boutique. Sa suite
est nombreuse et brillante, vous le savez : Marie ne se lassait
pas de la voir ; c'était un spectacle toujours nouveau pour
elle ; rien ne lui plaisait au monde comme cela. Aussi, à quelque heure de la journée que ce fût, quelque ouvrage qui l'oc-
cupât, dès qu'elle entendait résonner au loin les pieds des
chevaux, elle accourait se placer sur le pas de sa porte, at-
tentive et joyeuse comme un enfant. Un jour le regard du
connétable se porta par hasard sur elle ; il s'y arrêta : elle est
si jolie ma fiancée ! Quand j'arrivai, à l'heure accoutumée, je
trouvai celui qui aurait dû lui servir de père triste et pensif,
sa femme pleurant. Un homme était venu, parlant au nom
du comte d'Armagnac : il avait offert de placer Marie près
d'une grande dame qui lui assurerait un sort brillant. J'appris alors qu'effrayé de ses menaces, ou séduit par ses pro-
messes, on avait laissé partir ma fiancée. Oh ! c'est affreux,
n'est-ce pas ? Le connétable n'avait pas le droit de disposer
d'elle ; elle n'est pas née sur ses terres, elle est libre ; elle
voulait être ma femme. Je restai un mois, un mois entier sans
savoir ce qu'elle était devenue, la cherchant partout. Un soir
que je rentrais désespéré, je trouvai chez moi une de mes
voisines, madame Josselin, qui revenait du château de Vincennes, où elle avait été vendre grand nombre de bijoux à la
reine. Elle me remit un anneau : c'était l'anneau de Marie,
celui que je lui avais donné, qu'elle portait au doigt. Je connaissais enfin l'endroit qui la cachait ; mais je passai vingt
journées au château sans pouvoir la rencontrer, lorsque hier
j'entrai machinalement dans la chapelle. La reine y était en
grande dévotion, vous ayant à ses côtés. Une dame de sa
suite s'approcha de moi, et me dit tout bas : Demain, une
heure avant le jour, près de l'Oratoire ; nous fuirons ensemble. C'était Marie, et me voilà, monseigneur.

BOURDON.

Bien. Oublie ce que je t'ai dit, et ta main, mon brave. Si,
comme toi, j'avais un amour violent dans le cœur, j'envierais
ton sort, Perrinet ; car tu peux emmener celle qui t'aime....
mais moi !... Allons, viens, et descendons.

PERRINET.

Je suis prêt.

BOURDON.

Quand nous aurons atteint le haut du rempart, nous nous dirons adieu. Tu prendras à gauche, par un petit sentier qui te conduira près de l'Oratoire. Tu le suivras sans bruit, en retenant ton souffle, car tu dois passer près d'une sentinelle; et alors bon courage, et que Dieu te protége!

PERRINET.

Et vous aussi, monseigneur.

BOURDON.

Écoute bien si tu entends marcher, car voici l'heure où la garde de nuit fait le tour du château.

PERRINET.

Je n'entends rien.

BOURDON.

Allons!

(Il descend le premier et disparaît. Perrinet descend à son tour. Bourdon lui dit du fossé :)

Pose le pied à droite: il y a une pierre qui avance.

PERRINET, qu'on aperçoit encore.

Pardieu, monseigneur, on voit bien que ce n'est pas la première fois que vous descendez dans ce fossé.

BOURDON.

Sur ta vie, Perrinet, ne parle jamais de tout ceci.

(Tous deux ont disparu. On les voit, après un instant, escalader le mur et se glisser le long du rempart. Au même moment entre une patrouille.)

SCÈNE II.

LA PATROUILLE.

LE CHEF, s'arrêtant.

Qui vive?

PREMIER SOLDAT.

Vous criez ça à tous les buissons, sergent Robert.

LE CHEF.

Silence, Olivier. Ma vue n'est pas encore si mauvaise que je ne puisse distinguer un homme à cinquante pas, même dans l'obscurité; et il me semble avoir vu remuer quelque chose sur le rempart.

DEUXIÈME SOLDAT.

Bah! oui! des broussailles que le vent agite. Qui diable oserait tenter de s'introduire dans le château!

LE CHEF.

Il est vrai que nous faisons trop bonne garde pour que la fantaisie en prenne à quelqu'un.

PREMIER SOLDAT.

Bonne garde, oui! je veux être écorché comme un juif si la moitié des sentinelles qu'on a placées là-haut n'a pas échangé son arc et ses flèches contre un cornet et des dés. Ça se comprend.

LE CHEF.

Pour cette fois, je ne me trompe pas! Holà! mes braves, attention! Voici une troupe de cavaliers qui s'achemine lentement vers nous. Le jour n'est pas encore venu; on peut à peine distinguer.... On dirait qu'ils mettent pied à terre. Ceci a l'air de gens qui en veulent au château. En voilà deux qui s'avancent.

PREMIER SOLDAT.

Il me prend envie d'essayer sur ces drôles s'il me reste encore assez de force dans le bras pour décocher une flèche. Attendez, sergent Robert! Vous crierez qui vive après.

(Il bande son arc.)

LE CHEF.

Qui vive?

LE CONNÉTABLE, d'une voix forte.

Le roi!

(Tous les archers restent immobiles. Le sergent s'approche du connétable, sur lequel le roi est appuyé, pour recevoir le mot d'ordre. Le roi, apercevant le mouvement de cet homme, jette un cri d'effroi.)

LE ROI.

A moi, mon frère d'Orléans! à moi! c'est le fantôme!

(D'Armagnac dit un mot au sergent, qui fait signe à ses archers de le suivre.)

DEUXIÈME SOLDAT, au premier.

Vous alliez faire un beau coup d'essai.

PREMIER SOLDAT.

Notre seigneur le roi m'en eût remercié peut-être, car il est tout-à-fait fou maintenant.

(Les archers s'éloignent.)

SCÈNE III.

LE ROI, LE CONNÉTABLE D'ARMAGNAC, DUPUY, TANNEGUY DU CHATEL, prevot de Paris; HOMMES D'ARMES au fond.

(Pendant cette scène le jour vient petit à petit.)

LE CONNÉTABLE, qui s'est approché du roi, lequel est resté dans la même position.

Monseigneur le roi, il n'y a point ici de fantôme, et vous ne courez aucun danger.

LE ROI.

Ah! vous ne l'avez pas vu!... Non... il n'y est plus maintenant. Ah!... (Le connétable, voyant le roi chancelant, le conduit près d'un arbre, et le fait asseoir.)

LE CONNÉTABLE.

Vous avez voulu descendre de cheval.

LE ROI.

(Le jour commence à venir tout doucement.)

Oui. (Prenant sa tête dans ses mains.) Là! là! tout mon mal est là. Attendons que le jour soit tout-à-fait venu, d'Armagnac : l'air humide du matin rafraîchit ma tête qui brûle. Il y a si long-temps que je souffre ainsi!... Quand donc ce mal me prit-il pour la première fois?... Ah! ce fut dans une forêt... oui, c'est là que le fantôme m'apparut.

LE CONNÉTABLE.

Sire, ne pouvez-vous chasser ces tristes souvenirs?

LE ROI.

Où donc est Louis d'Orléans? je veux le voir.

LE CONNÉTABLE.

Ne vous rappelez-vous plus, monseigneur, que voilà dix ans bientôt que votre frère bien-aimé a été traîtreusement assassiné, rue Barbette, par le duc Jean de Bourgogne, qui, à cette heure, s'avance en sujet déloyal contre son roi ? et que moi je suis votre défenseur dévoué, comme je le prouverai en temps et lieu, avec l'aide de saint Bernard et de mon épée.

LE ROI, fixant lentement ses yeux sur lui.

Oui. Vous m'avez dit, mon cousin, que les Anglais étaient débarqués sur nos côtes de France.

LE CONNÉTABLE.

Oui, sire.

LE ROI.

Où ?

LE CONNÉTABLE.

A Touques, en Normandie, et que le duc de Bourgogne s'était emparé d'Abbeville, d'Amiens, de Montdidier et de Beauvais.

LE ROI.

Je suis bien malheureux ! Et que comptez-vous faire, mon cousin, pour repousser à la fois ces deux ennemis ? Je dis vous... car moi, je suis trop faible pour vous aider.

LE CONNÉTABLE.

Sire, j'ai déjà pris mes mesures, et vous les avez approuvées : le dauphin Charles a été nommé par vous lieutenant-général du royaume.

LE ROI.

C'est vrai... mais je vous ai fait observer, mon cousin, qu'il était bien jeune : à peine s'il a quinze ans. Pourquoi ne m'avoir pas plutôt présenté, pour cette charge, son frère aîné Jean ?

LE CONNÉTABLE.

Sire, est-il possible qu'il y ait des souffrances humaines portées à ce point que le père oublie la mort de son fils ?

LE ROI.

Oui... oui.... je me rappelle : il est mort dans notre ville de Compiègne.

Oui, mort : c'est ce que me répond l'écho quand j'appelle autour de moi mes fils et mes parens. Ainsi donc, mon

Charles bien-aimé partage avec vous le commandement des troupes?

LE CONNÉTABLE.

Oui, sire, et si nous avions de l'argent pour en lever de nouvelles...

LE ROI.

N'avons-nous pas les fonds réservés aux besoins de l'état?

LE CONNÉTABLE.

Ils ont été soustraits, sire.

LE ROI.

Et par qui? nul ne pouvait se les approprier. Par qui?... C'est ma femme ou mon fils qui ont commis ce vol, n'est-ce pas? car c'est un vol envers l'état... Oui... oui... l'on me regarde déjà comme mort.

LE CONNÉTABLE.

Sire, le dauphin Charles est trop respectueux pour ne pas attendre, en quelque chose que ce soit, les ordres de son seigneur et père.

LE ROI.

Ainsi, comte, c'est la reine? Eh bien! nous allons la voir, et je lui redemanderai cet argent; elle comprendra qu'il faut qu'elle me le rende.

LE CONNÉTABLE.

Sire, il est employé à acheter des meubles et des bijoux.

LE ROI.

Que faire alors?

LE CONNÉTABLE.

Mettre sur le peuple une nouvelle taxe! il en est déjà écrasé. Sire, vous êtes bien faible avec la reine; elle perd le royaume, et, devant Dieu, c'est vous qui en répondez. Voyez si la misère publique a diminué son luxe! Au contraire, il semble qu'il s'accroît de la pauvreté générale; c'est une profusion qui fait murmurer les gens de bien, sire.

LE ROI.

Vous avez raison, mon cousin; et pour l'engager à réformer ces folles dépenses, nous lui accorderons une grâce qu'elle sollicite depuis long-temps. Je lui ai promis de nommer capitaine du château de Vincennes le chevalier de Bois-

Bourdon ; vous présenterez sa nomination à ma signature.

(Le jour est tout-à-fait venu.)

LE CONNÉTABLE , regardant sur la route du côté du château.

Vous avez fait cela, sire.

LE ROI.

Oui ; et je vous prie de faire connaître à ce jeune homme la faveur que je lui accorde.

LE CONNÉTABLE.

Il est probable qu'il la sait déjà, sire.

LE ROI.

Qui la lui aurait apprise ?

LE CONNÉTABLE.

Celle qui vous l'a demandée avec tant d'instance.

LE ROI.

La reine ?

LE CONNÉTABLE.

Elle a tant de confiance dans la bravoure de ce jeune homme, que, pour lui remettre la garde du château, elle n'a pas eu la patience d'attendre qu'il eût sa commission de capitaine.

LE ROI.

Comment cela ?

LE CONNÉTABLE, indiquant dans la coulisse la route qui conduit à l'une des portes de Vincennes.

Regardez sur la route, sire : le voilà qui sort de Vincennes.

LE ROI, se levant.

Le chevalier de Bourdon ! Comment a-t-il pu entrer si matin au château ? les portes viennent de s'ouvrir. Que dit-on à ma cour de ce jeune homme ?

LE CONNÉTABLE.

Qu'il est en grande faveur auprès des dames, et que pas une ne lui a résisté.

LE ROI.

On n'en excepte aucune, comte ?

LE CONNÉTABLE.

Aucune, sire.

LE ROI.

Bernard ! ne porte-t-il pas un chaperon bleu ?

LE CONNÉTABLE.

C'est la couleur de la reine.

LE ROI.

Insolent jeune homme !

SCÈNE IV.

LES MÊMES, BOURDON. Il entre en chantant, s'interrompt en apercevant le Roi, ôte légèrement son chaperon et continue sa route.

LE ROI.

Arrête, enfant! on salue quand on passe devant le Roi.
Arrête et salue. (*Bourdon porte une seconde fois la main à
sa toque, sans ralentir son pas, et, arrivé dans la coulisse,
reprend sa chanson à l'endroit où il l'avait laissée.*) Connétable!.. qu'on s'empare de lui... Vous entendez ?

LE CONNÉTABLE, à Tanneguy.

Prevôt de Paris ! faites arrêter ce jeune homme : le roi
le veut. (*Deux hommes d'armes s'avancent sur ses traces.*)

LE ROI, se promenant avec agitation.

Pousser jusque-là l'audace et le mépris ! m'insulter en
face comme il l'a fait!... cela est à peine croyable. Mais elle
lui a appris à se rire de moi, elle!... Oui... oui... plus de
doute... il n'eût pas montré tant d'insolence si cela n'était.
(*La voix de Bourdon qui s'est éloigné s'interrompt encore une
fois.*)

TANNEGUY, qui suit des yeux les hommes qui se sont éloignés sur
les traces de Bourdon.

A moi! (*Il part avec quatre gardes.*)

LE ROI.

Encore! n'est-ce donc pas assez de deux hommes contre
cet enfant? Isabelle! Isabelle! Ah! c'est infâme! ils vont le
laisser échapper... Pauvre roi! qui as à peine une volonté,
et qui ne peux être obéi! (*Tanneguy reparaît.*) Ah! enfin!...

LE CONNÉTABLE.

Vous en répondez au roi, Dupuy.

LE ROI.

Oui... à moi. Viens, connétable; viens, retournons sur nos pas, je n'ai pas la force d'entrer à Vincennes.

LE CONNÉTABLE.

Vos ordres, sire?

LE ROI.

Le chevalier à la prison du Grand-Châtelet : la reine à Tours, si elle est coupable. (*Le Connétable donne un ordre à Dupuy, qui se dirige vers la porte de Vincennes. Changement à vue.*)

IIe TABLEAU.

L'oratoire de la Reine. A droite une porte qui conduit dans ses appartemens. A gauche une porte secrète qui communique à un corridor, et qui est restée ouverte. Au fond une croisée à barreaux de fer devant laquelle est un prie-dieu surmonté d'une croix.

SCÈNE PREMIÈRE.

PERRINET, entrant pâle et défait par la porte secrète.

Ils ont passé près de moi tous deux! C'était bien le chevalier de Bourdon, c'était bien la reine! Comment sortir maintenant? Elle va revenir par là. (*Il indique la porte secrète, allant à celle de la chambre.*) De ce côté!.. Ah! la chambre à coucher de la reine!.. Il y a des barreaux de fer à cette fenêtre. Qui pourrait me sauver? Marie, peut-être! mais où la trouver? Elle n'est pas venue au rendez-vous. (*Apercevant la reine qui entre.*) Ah! je suis perdu!..

SCÈNE II.

PERRINET, ISABELLE.

ISABELLE, refermant la porte sans voir Perrinet.

Personne ne l'a vu. (*Se retournant.*) Un homme!

PERRINET.

Grâce! madame la reine!

ISABELLE.

Un homme, ici!

PERRINET, à genoux.

Grâce!

ISABELLE.

Un homme dans mon oratoire! comment cela se fait-il? Réponds!

PERRINET.

Ah! madame la reine, votre regard me glace de crainte.

ISABELLE.

Réponds! Qu'es-tu venu faire ici? Par quelle porte y as-tu pénétré? Qui t'y a conduit?

PERRINET, se levant.

Le hasard; un hasard que je maudis, puisqu'il a pu m'attirer votre colère.

ISABELLE.

Ah oui! c'est le hasard qui t'a introduit jusque dans mon appartement, qui t'a conduit à Vincennes, n'est-ce pas?

PERRINET.

Non : je venais y chercher ma fiancée, qui voulait fuir avec moi.

ISABELLE.

Son nom?

PERRINET.

Marie.

ISABELLE.

Mensonge! Marie ne peut vouloir me quitter.

PERRINET.

Oh! je vous dis la vérité, madame, je vous le jure. Elle me l'avait promis hier, et pourtant je l'ai attendue en vain dans la cour près de votre oratoire. Le jour est venu; craignant alors d'être découvert, je me suis glissé le long des murs du château jusqu'à une petite porte qui donne sur le rempart, et qui était restée entr'ouverte. Je m'y suis jeté au bruit que faisaient des soldats qui venaient à moi.

ISABELLE.

Eh bien!

PERRINET.

Cette porte m'a conduit dans un long corridor. J'avais
résolu d'attendre là que le moment fût venu de baisser les
ponts du château... Ah! madame! je ne savais pas où j'étais,
je ne savais pas que vous passeriez près de moi!

ISABELLE.

Tu m'as vue?

PERRINET.

Alors je me suis cru perdu, j'ai eu peur. J'ai suivi au hasard cette galerie, je suis arrivé dans votre oratoire, pour
tomber à vos pieds, ô reine, en demandant grâce!

ISABELLE.

Un secret à faire tomber une tête, un tel secret entre les
mains d'un homme qui peut parler, qui me trompe peut-être!

PERRINET.

Ah! madame!

ISABELLE.

Je le saurai, je le saurai. (*Elle entre dans sa chambre.*)
Marie!

PERRINET.

Elle était là!

ISABELLE.

Marie! mais venez donc quand la reine appelle! (*Elle
rentre.*) Marie! (*Entre Marie.*) Connais-tu cet homme?

SCÈNE III.

LES PRÉCÉDENS, MARIE.

MARIE.

Ah!

ISABELLE.

Connais-tu cet homme? réponds : il y va de sa vie.

MARIE.

Ah! madame! c'est mon fiancé; il aura été arrêté et conduit devant vous; mais c'est lui, c'est Perrinet Leclerc avec
lequel je devais fuir cette nuit, et que je n'ai pu aller retrou-

ver, car hier soir vous m'avez renfermée dans ma chambre, me disant que vous n'auriez besoin de personne. S'il vous a offensée en quelque chose, pardonnez-lui, madame la reine, pardonnez-lui, et que votre colère retombe sur moi seule.

ISABELLE.

Vous vouliez me quitter, Marie? et sans mon congé? Que vous ai-je fait?.. avez-vous à vous plaindre de moi?

MARIE.

Oh! non, madame, et ce sont les bontés dont vous me comblez qui m'ont décidée à vous fuir.

ISABELLE.

Comment cela?

MARIE.

Laissez-moi d'abord à vos genoux, madame, vous demander grâce et merci. Vous ne savez pas pourquoi le connétable m'a placée près de vous, m'enlevant à mon fiancé; vous ne savez pas à quel emploi honteux il me destinait. Quand vous parliez devant moi librement et sans contrainte, vous ne saviez pas, madame, qu'aucune de vos paroles ne devait être perdue pour lui, qu'il m'avait chargée de les lui redire, moi! Oh! je n'en ai jamais rien fait; je le jure devant Dieu, et sur ma tête. Aussi avant-hier encore m'a-t-il fallu subir ses reproches et ses menaces, car il me demandait des choses que je niais et qu'il prétendait savoir. Voilà deux mois que je vis ainsi près de vous, madame, gardée à vue par les gens du connétable, n'osant vous avouer la vérité, dans la crainte de perdre votre confiance. Voilà pourquoi j'ai voulu vous fuir, j'ai voulu vous quitter, au risque d'encourir votre mépris, mais, du moins, avec la certitude de ne pas le mériter.

ISABELLE.

Relève-toi, enfant, relève-toi. Tu pouvais me trahir, tu ne l'as pas fait, je t'en remercie. (A part.) Ah! d'Armagnac! d'Armagnac! (Haut.) Maintenant, Marie, c'est moi qui te demande de rester, qui te le demande comme un service, car une autre viendra qui n'aura pas ta candeur et ta fidélité.

MARIE.

Madame...

ISABELLE.

Ah! oui! ton fiancé que tu crains de quitter encore une fois! Eh bien! je me charge de lui. Le connétable vous a séparés ; je vous rapprocherai, moi. Perrinet, consentiriez-vous à être écuyer du chevalier de Bois-Bourdon, dès qu'il aura le commandement de Vincennes?

PERRINET.

Ah! madame! vous m'offrez de ne plus quitter Marie!

ISABELLE.

Et si j'obtiens pour vous cette place, vous me serez dévoué?

PERRINET.

Autant qu'à Dieu.

ISABELLE.

C'est bien. Vous pouvez regarder cette faveur comme accordée.

MARIE.

Ah! madame! (*Marie se retire au fond, près de la croisée.*)

ISABELLE, à Perrinet.

Perrinet, tu n'as rien vu, rien entendu. Je garde par devers moi un gage de ta discrétion, songes-y. Tu me dois tout maintenant : de ce jour tu es à moi corps et âme.

PERRINET.

Oui, madame la reine ; et que Dieu me punisse si je l'oublie jamais.

ISABELLE.

Qu'y a-t-il donc? d'où vient ce bruit?

MARIE, regardant par la fenêtre.

Ah! madame la reine! ce sont vos gardes que des gens du roi désarment : les sieurs de Graville et de Giac qu'on arrête!

ISABELLE.

Que dis-tu là?

MARIE.

Regardez! Monsieur Dupuy, l'âme damnée du connétable vient de ce côté. Il monte ici, madame!

ISABELLE.

Ah! que veut dire ceci?... Perrinet, je te demandais tout-à-l'heure un dévouement sans bornes, et déjà je vais le mettre à l'épreuve.

PERRINET.

Disposez de ma vie, madame la reine; elle est à vous.

ISABELLE.

Là... Entre là, dans cette galerie... S'ils te voyaient ici, tu serais perdu! Et tu pourras me servir, peut-être. (*Perrinet entre dans la galerie.*) Mon Dieu, mon Dieu, que s'est-il passé?

SCÈNE IV.

ISABELLE, DUPUY, MARIE dans le fond.

DUPUY.

Madame la reine, je vous arrête.

ISABELLE.

Moi! c'est impossible.

DUPUY.

Notre sire le roi le veut ainsi.

ISABELLE.

Le roi! vous me trompez, ou il est tout-à-fait insensé.

DUPUY.

Sans cela, madame, n'est-ce pas il y a dix ans, alors que monseigneur le duc d'Orléans habitait avec vous ce château de Vincennes, que je serais venu vous dire ce que je vous dis aujourd'hui.

ISABELLE.

Vous avez l'ordre de m'arrêter : votre tâche se borne là; et d'abord souvenez-vous, monsieur, qu'on se découvre devant la reine.

DUPUY, ôtant son chaperon.

Le chevalier de Bourdon ne le fait pas devant le roi.

ISABELLE.

Quand cela est-il arrivé?

DUPUY.

Ce matin.

ISABELLE.

Où donc?

DUPUY.

A la porte de Vincennes.

ISABELLE.

Le roi est donc ici?

DUPUY.

Il est retourné à Paris.

ISABELLE.

Et Bourdon?

DUPUY.

Est parti pour le Grand-Châtelet, sous bonne escorte.

ISABELLE.

Mais, pour une pareille faute, ils ne veulent pas le tuer, n'est-ce pas?

DUPUY.

S'il n'avait commis que ce crime, serais-je ici, madame?

ISABELLE.

Assez. Où devez-vous me conduire?

DUPUY.

Au château de Tours. L'ordre du roi et de monseigneur le connétable est que vous partiez à l'instant.

ISABELLE

Seule?

DUPUY.

Avec une de vos femmes.

ISABELLE.

Marie, n'est-ce pas?... Oui... oui... Tu me suivras, enfant. Maintenant sortez, je serai prête à vous suivre dans quelques instans.

DUPUY.

Oubliez-vous, madame, que vous devez partir sans délai?

ISABELLE.

Oubliez-vous que je suis la reine, et que je vous ai dit de sortir. (*Dupuy sort lentement.*)

SCÈNE V.

PERRINET, ISABELLE, MARIE sortant de la galerie.

ISABELLE, cachant sa figure dans ses mains.

Arrêté! lui aussi !

PERRINET.

Vous prisonnière, madame!

ISABELLE.

Ah! c'est lui qu'il faut plaindre! lui qu'ils ont emmené!

PERRINET.

Comment le sauver. maintenant?

ISABELLE.

Le sauver! qui le pourrait? Oh! ma vie à celui-là! Le sauver!

PERRINET.

Je le tenterai, madame. J'ai des amis dévoués, des amis qui risqueront pour moi leur tête, comme vingt fois j'ai risqué la mienne pour eux. Nous attaquerons le Châtelet.

ISABELLE.

Oui... et vous le sauverez ainsi? Et quand vous aurez brisé vingt portes de fer, quand vous arriverez dans son cachot et que vous y trouverez un cadavre, vous l'aurez sauvé, n'est-ce pas? Ce serait hâter l'heure de sa mort, et rien de plus. Ah! Perrinet! Perrinet, sur ton âme, ne fais pas cela!

PERRINET.

Oh! mon Dieu!

ISABELLE.

Non, non... J'ai de l'or, je suis riche, je suis reine. Tu iras à sa prison, et tu diras à ceux qui le gardent : Ne le tuez pas; voilà de l'or, de l'or à vous rendre tous heureux; de l'or à payer un royaume, ne le tuez pas! Et si ce n'est point assez, elle a encore des bijoux, des perles à sa couronne, prenez tout, elle vous donne tout, elle vous en devra encore : ne le tuez pas! Oh! si je les voyais ces hommes, je l'obtiendrais.

PERRINET.

Je vous obéirai, madame.

ISABELLE.

Ah! je suis folle, n'est-ce pas? folle de penser qu'on pourrait racheter sa vie? Non : ils n'accepteraient pas même mon sang en échange du sien. Ils veulent le tuer : ils le tueront. Insensée qui ne l'ai pas prévu! qui, dans un accès de folie du roi, ne lui ai pas demandé la tête du connétable; c'en est fait, maintenant. Rien pour le sauver, rien, être reine, et ne pouvoir rien!

MARIE.

Hélas! hélas!

ISABELLE.

Des pleurs, enfant? des pleurs devant moi? des pleurs, parce qu'on te sépare de ton fiancé? Son absence ne sera pas éternelle, tu le reverras, mais moi, j'aimais Bourdon, autant que tu l'aimes lui, et ils vont le tuer, entends-tu; ils vont le tuer, sans que je puisse rien pour lui; et quand il se débattra dans les tortures, je ne le saurai pas, et à chaque instant de ma vie, je me dirai : Il meurt, peut-être.

MARIE.

Quel supplice, grand Dieu!

ISABELLE.

Ne jamais savoir ce qu'il sera devenu! Oh! cela ne se peut pas! cela ne sera pas! Tu es libre, toi, tu me le diras. C'est au Grand-Châtelet, qu'ils l'ont conduit : au Grand-Châtelet, retiens-le bien. Ta place est là, devant la porte; tu n'en bougeras plus; et, s'il en sort, mort ou vivant, tu viendras me le dire, entends-tu?

PERRINET.

Oui, madame.

ISABELLE.

Ils auront fermé les portes du château; échappe-leur par cette galerie : elle donne près du fossé, tu y descendras; et quand tu seras hors de danger, sur le chemin de Paris, tu agiteras l'écharpe de ton chaperon, car je serai à cette croisée, et je ne partirai pas que je ne t'aie vu.

PERRINET.

Je le ferai, madame.

ISABELLE.

Quel que soit son sort, tu viendras me le dire; ou si tu ne peux arriver jusqu'à moi, tu m'enverras cette croix s'il est vivant, ton poignard s'il est mort. Va maintenant.

SCÈNE VI.

ISABELLE, MARIE, près de la croisée.

ISABELLE.

C'est là tout mon espoir; le seul qu'ils m'aient laissé! O mon Dieu! sauvez-moi! vengez-moi!... Et le roi, le roi insensé qui permet ces meurtres! (*Allant à la croisée.*) Rien encore! Ah! qu'il est lent à sortir de cette galerie! que fait-il donc? Le voilà enfin! il court vers le rempart.

MARIE.

Ah! madame! il y a là des sentinelles qui veillent.

ISABELLE.

Une seule, qui lui fait signe d'arrêter.

MARIE.

Hé bien!

ISABELLE.

Il poursuit sa route. Elle le menace avec son arbalète... Elle tire sur lui.

MARIE, poussant un cri et tombant à genoux.

Ah!

ISABELLE.

Rien... rien... Il n'a pas même détourné la tête!... Oh! c'est un brave jeune homme; que Dieu le protège! Le voilà qui s'élance en bas du rempart : je ne le vois plus.

SCÈNE VII.

ISABELLE, MARIE, DUPUY, soldats.

DUPUY.

Il est temps de partir, madame.

ISABELLE.

Partir! Non, non : pas encore; je ne le veux pas.

DUPUY.

De gré ou de force, madame, il faut nous suivre.

ISABELLE, passant son bras à travers les barreaux de la fenêtre.

De force! voyons donc qui de vous osera porter la main sur moi!

DUPUY.

Vous n'êtes plus reine, madame; vous êtes ma prisonnière.

ISABELLE, à part.

Il ne reparaît pas, ô mon Dieu!

DUPUY.

Pour la dernière fois, madame, voulez-vous nous suivre?

ISABELLE, à part.

Sauvé! sauvé! Le voilà!

DUPUY.

Au nom de notre sire le roi, gardes, saisissez-la.

ISABELLE, quittant la croisée.

Arrière tous! Ma place est devant, messieurs.

(Les gardes, et Dupuy lui-même, s'écartent avec respect; la reine sort la première.)

FIN DU PREMIER ACTE.

ACTE II.

Le théâtre représente le bord de la rivière; à droite, occupant les trois premiers plans, le Grand-Châtelet; à gauche de l'acteur, occupant les troisième et quatrième plans, la taverne du Porc-Épic; aux deux premiers plans, une ruelle; au fond, la Grève et le Pont-aux-Meuniers, couvert de maisons en bois; le pont, praticable, ainsi que la taverne dont le pignon avance et dont la seule fenêtre au premier fait balcon; à l'entrée de la ruelle, une grosse borne; au coin du pont, une pierre faisant encoignure et parapet; sur le pont, une maison praticable aussi, ayant une fenêtre ouvrant sur la rivière.

SCÈNE PREMIÈRE.

JACQUES, SERVANS DE LA TAVERNE, PUIS, BOURGEOIS ET MANANS.

(Au lever du rideau, des bateliers avec leur costume bleu et rouge placent des tonneaux, des bancs, des planches en échafaudage; on orne les fenêtres de tapis ou de bannières aux armes d'Armagnac.)

JACQUES, sortant de la taverne.

Assurez bien ces planches, vous autres; si la foule allait choir sur le cortège, ça troublerait la marche. Alerte, vous autres, depuis deux grandes heures qu'on félicite monseigneur le roi sur l'arrestation de madame la reine, les harangues doivent avancer au palais, et le populaire arrive de tous les côtés.

(On voit déboucher de la ruelle et du quai des bourgeois en toilette.)

SCÈNE II.

BOURDICHON, JACQUES, LECLERC, BOURGEOIS.

(Bourdichon, en costume mi-bourgeois, mi-guerrier, entre en courant par la ruelle, et se heurte avec Leclerc qui arrive par le quai.)

BOURDICHON.

Ouf!

LECLERC.

La peste soit du manant!

BOURDICHON.

J'ai dû vous faire mal, messire. Ah! maître Leclerc!...
heureusement que je suis tombé sur vous!

JACQUES

Salut, mes maîtres!.. Comment, pas au cortège!

LECLERC.

Je le quitte.

BOURDICHON.

Et moi, j'y vais, car j'en fais aussi partie en ma qualité
de garde bourgeoise.

LECLERC.

Arrêtez un moment, messire Bourdichon. Tavernier! vite
un pot!

BOURDICHON.

Vous régalez! St-Babolin mon patron vous le rende!...
Au fait le vin clairet de messire Jacques viendra bien à pro-
pos; j'ai le gosier comme une fournaise. A votre santé et à
celle de Perrinet, votre fils, grand fou qui veut se marier
après avoir vu mon ménage. Dame Bourdichon me fera
mourir, s'il ne plaît à Dieu de m'en délivrer au plus vite.

LECLERC.

Toujours en querelle!

BOURDICHON.

Que voulez-vous? depuis que j'ai laissé partir de chez
nous notre petite Marie, la fiancée de votre fils, ma femme
s'est faite Bourguignonne, en haine du connétable; et comme
je suis Armagnac, moi, vous sentez que les deux partis en
doivent venir aux mains. J'avouerai même, à ma grande
honte, que tout-à-l'heure les Armagnacs n'avaient pas le
dessus : heureusement deux ou trois écoliers de Cluny, qui
passaient, ont rétabli l'équilibre, et je me suis sauvé.

JACQUES.

Ma foi, compère, je vous félicite d'être sorti sain et sauf
des mains de dame Bourdichon.

BOURDICHON, LECLERC.

Ça ne m'arrive pas souvent. Or donc, maître Jacques, vous savez qu'en réjouissance du triomphe de ma cause, c'est-à-dire qu'en joie de l'arrestation de madame la reine qu'on conduit sous bonne escorte à Tours, je vous ai envoyé mon oie blanche... je l'engraisse depuis cinq ans pour la manger dans un jour de fête, et le jour ne peut être mieux choisi. Par dévouement pour d'Armagnac, et par haine pour ma femme, que cela fera donner au diable, tantôt avec quelques amis je mangerai mon oie, dont une aile ou toute autre partie est à votre service, messire Leclerc.

LECLERC.

Merci, maître Bourdichon ; mais, dans ces temps de trouble, je ne quitte guère la porte St-Germain, dont, depuis vingt années, je tiens les clefs ; il y a déjà trop long-temps que je suis absent du logis... Payez-vous, compère. Au revoir, messire Bourdichon... si vous rencontrez Perrinet, envoyez-le-moi.

BOURDICHON.

Adieu donc, et bonne garde! (*Leclerc sort par le pont.*)

UN BOURGEOIS.

Ah ça! dites donc ; le cortège est en retard.

UN AUTRE BOURGEOIS.

Regardez donc, vous autres, qu'est-ce qui vient là-bas?

UN BOURGEOIS.

C'est peut-être la tête du cortège. (*Tous les bourgeois regardent au fond.*)

BOURDICHON.

J'en suis, et vite à mon poste. (*Il boit le dernier verre.*)

(Dans la coulisse.)

Noël! noël! au connétable!

SCÈNE III.

LE CONNÉTABLE, BOURDICHON, JACQUES, GARDES, LE CAPITAINE DES ARCHERS DE L'ORDONNANCE.

LE CONNÉTABLE.

Messieurs les bourgeois, gardez vos noëls et acclamations

pour monseigneur le roi... J'ai l'âme vraiment réjouie de voir les habitans de sa bonne ville en humeur aussi gaie. Qu'aucune crainte ne trouble la fête... L'arrestation de madame Isabelle ne sera point un signal de persécution... Le roi a promis amnistie à tous les partisans de la reine qui rentreront dans le devoir.

LES BOURGEOIS.

Noël! noël!

BOURDICHON.

Los au connétable! Oh! si ma femme était là!

LE CONNÉTABLE, au Capitaine.

J'entre au Châtelet, capitaine. Vous êtes sûr que personne n'a vu la figure du prisonnier?

LE CAPITAINE.

Personne.

LE CONNÉTABLE.

Vous avez fait prévenir le tourmenteur?

LE CAPITAINE.

Oui, monseigneur.

LE CONNÉTABLE.

Nous aurons besoin de toute sa science et de toute sa force, car le prisonnier est homme de bon courage.

LE CAPITAINE.

Le tourmenteur en a fait parler de plus fermes.

LE CONNÉTABLE, à part.

Monseigneur le roi Charles veut une preuve d'adultère pour condamner la reine... Bourdon! par la Vierge et les Saints, tu m'aideras à la lui donner; et pour récompense je t'épargnerai le gibet. Suivez-moi, capitaine.

LES BOURGEOIS, ET BOURDICHON, plus fort que les autres.

Noël! noël! au connétable!

(Le connétable entre au Châtelet, et au moment où Bourdichon crie Noël à tue-tête, dame Bourdichon suivie de Paquette et de Jacquemine sort de la ruelle.)

SCÈNE IV.

MONSIEUR ET MADAME BOURDICHON, JACQUES, PAQUETTE ET LA FEMME JACQUEMINE.

DAME BOURDICHON.

Ah! je t'y prends à crier noël au connétable!

BOURDICHON.

Miséricorde!... ma femme!

DAME BOURDICHON.

Tu ne m'attendais pas, et tu t'en donnais à plein gosier.

BOURDICHON.

Mais non... je causais... n'est-ce pas, vous autres?

DAME BOURDICHON.

Fourbe effronté! Où vas-tu?

BOURDICHON.

Au cortège.

DAME BOURDICHON.

Ouais!... je t'ai dit que tu n'irais pas, et tu n'iras pas..

LES BOURGEOIS riant.

Ah! ah! ah! ah!

BOURDICHON.

Riez, riez, mes maîtres, et que Satan vous donne femme pareille à la mienne; si toutefois, à deux reprises, il peut sortir de ses griffes si parfait chef-d'œuvre!

DAME BOURDICHON.

Oui! parce que je déteste ton connétable, n'est-ce pas?

BOURDICHON.

Voyez l'injustice! au moment où il vient d'annoncer amnistie à tous les partisans de la reine.

DAME BOURDICHON.

Amnistie!

LES BOURGEOIS.

Oui... oui...

DAME BOURDICHON.

Amnistie!... Est-ce pour l'amnistier que, cette nuit, on a amené un prisonnier au Grand-Châtelet?

JACQUES.

Bah! un prisonnier! Qu'est-ce qui vous a dit ça?

DAME BOURDICHON.

Qui? Mahiet-Baliffre, le baigneur, la porte vis-à-vis Tassin-Caillard, le teinturier... il les a vus passer ce matin... C'était un beau jeune homme qu'on cachait si bien qu'il n'en a vu ni la tête ni les pieds.

BOURDICHON.

Eh bien! je gage que messire le connétable est venu tout exprès pour annoncer à ce prisonnier qu'il a grâce et merci.

(Ici le tourmenteur et le médecin paraissent, passent sans rien dire, et entrent au Châtelet.)

DAME BOURDICHON, les désignant.

Ouais! sont-ce là des porteurs de grâce?

BOURDICHON.

Le tourmenteur !

JACQUES.

Et le médecin!

BOURDICHON.

Sainte-Vierge! la porte du Grand-Châtelet s'ouvre d'elle-même devant eux, comme si elle les reconnaissait.

DAME BOURDICHON.

Elle se referme, la discrète, pour qu'on n'entende pas les cris et les malédictions.

FEMME JACQUEMIN.

C'est peut-être pour le prisonnier dont parle la commère Bourdichon.

DAME BOURDICHON.

Je vais le savoir.

BOURDICHON.

Femme, où allez-vous?

DAME BOURDICHON.

J'entre là.

BOURDICHON.

Miséricorde! au Grand-Châtelet!

DAME BOURDICHON.

Je connais La Cochette, la fille du geôlier... elle me lais-
sera mettre dans un coin, et si c'est un Bourguignon, un
mien ami, un partisan comme moi de madame la reine... tu
paieras pour ton connétable... Au revoir, commères, at-
tendez-moi.

(Elle frappe et entre au Châtelet.)

SCÈNE V.

LES MÊMES, HORS LA DAME BOURDICHON, PUIS JEHAN ET
ÉCOLIERS DE CLUNY.

JACQUES.

Tudieu! quelle maîtresse femme!

BOURDICHON.

Messire Jacques, notre Saint-Père a canonisé des martyrs
qui n'avaient pas payé si cher que moi leurs places en
paradis.

LES BOURGEOIS, au fond.

Oh! oh! oh!

BOURDICHON.

Qu'est-ce?

LES BOURGEOIS.

Cluny! les écoliers de Cluny! Place!

JACQUES.

Oui... oui... place aux gentils grammairiens! Ils cassent
tous nos pots, mais ils nous les paient double.

JEHAN, arrivant par le pont.

Arrière et passage, manants! A nous la taverne du Porc-
Épic... à nous la taverne!.. Eh! de par tous les Saints,
voilà le malencontreux bourgeois que nous avons si vaillam-
ment tiré des griffes de sa femme!

BOURDICHON.

Moi-même.

JEHAN.

Il est encore tout blême et défait... Du vin, mordieu! pour le remettre!

JACQUES.

Il paraît, mes maîtres, que pour cette journée vous voulez vider les poches de vos soutanelles.

JEHAN.

Donne-nous des cartes,... invention nouvelle pour amuser un roi fou.

LES ÉCOLIERS.

Du vin! du vin!

JEHAN, buvant.

A ta femme, compère!

BOURDICHON.

Merci... Hâtez-vous, gentils écoliers, car j'entends la trompette des archers de l'ordonnance du roi.

LES BOURGEOIS, remontant vers l'échafaudage.

Alerte!

JACQUES.

Voici guidons et bannières au vent.

BOURDICHON.

Au revoir, mes maîtres!.. Ma place est là-bas... retenez la vôtre pour me voir passer. (*Il sort.*)

(Des bourgeois ont garni tout l'échafaudage formé de bancs, de tonneaux et de planches, qui garnissait le fond du théâtre, depuis la maison de Jacques jusqu'au coin du Grand-Châtelet; sur le pont, aux fenêtres de la maison, il y a foule aussi...; on se presse, on grimpe sur les bornes, sur les toits. Tableau animé... Jacques, monté sur une haute borne, indique et salue les principaux personnages du cortège qui passe gravement au milieu de cette foule qui crie : Noël! à tue-tête... Les écoliers de Cluny occupent seuls le devant de la scène, buvant et jouant sur les tables de la taverne; la femme Jacquemine et la fille Paquette, au dernier rang des curieux, sont montées sur des escabeaux.)

JEHAN.

Quelle cohue de populaire! il y en a, Dieu soit béni, jusque sur les toits.

FEMME JACQUEMINE.

Voilà le cortège... Ah! si dame Bourdichon était là!

JACQUES.

Ah! voilà messieurs les conseillers de la grand' chambre (*Ils passent.*)

LES BOURGEOIS.

Noël!

JEHAN, versant à boire aux écoliers.

Encore un coup, et nous allons faire brèche dans ce troupeau de manans.

SCÈNE VI.

JEHAN, JACQUES, FEMME JACQUEMINE, DAME BOURDICHON, LES ÉCOLIERS, LES BOURGEOIS.

DAME BOURDICHON.

Abomination! Oh! j'aurais parié que je ne me trompais pas... Eh bien! où est donc mon mari? Je veux le confondre... Bourdichon! Bourdichon!!

FEMME JACQUEMINE.

Ohé! commère!.. il est parti ton homme... Viens donc le voir passer... j'ai là une place... La marche est superbe.

DAME BOURDICHON, la tirant par sa jupe.

Il s'agit bien de cela... J'ai découvert...

FEMME JACQUEMINE.

Quoi donc?

DAME BOURDICHONE.

Un secret.

FEMME JACQUEMINE, descendant vite.

Un secret!

PAQUETTE, arrivant.

Qu'est-ce qu'il y a?

FEMME JACQUEMINE.

Arrivez, cousine Paquette, arrivez!

(*Plusieurs autres femmes arrivent aussi.*)

Quoi donc! hein?

FEMME JACQUEMINE.

Ecoutez la commère Bourdichon ; elle vous en apprendra de belles.

JACQUES , annonçant toujours.

Messire le procureur du roi en cour d'Eglise avec messieurs de l'officialité...

LES BOURGEOIS.

Noël !

LES FEMMES.

Oh! commère, dites-nous ça bien vite.

DAME BOURDICHON.

Eh bien! figurez-vous qu'il y a là-dedans un beau jeune homme qu'on torture à l'heure qu'il est sur le grand lit de cuir : j'ai entendu ses cris et le bruit des clavettes qu'on lui mettait aux jambes... Ça m'a renversé l'ame.

FEMME JACQUEMINE.

Horreur !

JACQUES , monté sur la borne et annonçant toujours ceux qui passent.

Voyez-vous les maîtres en robes noires, et messires en robes rouges?

LES BOURGEOIS , au fond.

Noël !

DAME BOURDICHON.

Oui, criez noël, maîtres sots, pendant qu'on égorge les vôtres.

JEHAN.

On égorge!.. qui donc, commère ?

FEMME JACQUEMINE.

As-tu su le nom du patient?

DAME BOURDICHON.

Non... mais à travers les fentes de la porte j'ai cru voir une robe d'écolier.

JEHAN , se levant et jetant son gobelet.

D'écolier! Tête-Dieu! écoutez, vous autres !

DAME BOURDICHON.

Quelle idée!.. Oui... et d'écolier de Cluny.

JEHAN, avec fureur.

D'écolier de Cluny!!

FEMME JACQUEMINE, bas.

En es-tu sûre?

DAME BOURDICHON, bas.

Je n'en sais rien; mais c'est égal... ils vont troubler la
fête, ils battront la garde bourgeoise et mon mari en est...
(*Prenant l'écolier par la main.*) Tenez, voyez à travers
ce soupirail le feu qui rougit les pinces et les tenailles; et
tous ces hommes en robes noires, en robes rouges, vont
féliciter notre sire le roi de ce qui se passe, et l'on crie
noël au cortège.

JEHAN.

Ah! pots et gobelets au cortège, qui laisse égorger les
enfans de Cluny!

LES ÉCOLIERS.

Oui... oui...

(*Ils prennent tous leurs pots et se disposent à les lancer au cortège.*)

JACQUES, descendant vivement de dessus sa borne.

Qu'est-ce que vous allez faire? A moi, les bourgeois!

(*Ceux-ci quittent en partie leurs places et accourent.*)

JEHAN.

A nous, les manans!.. Si on commence par la robe de
Cluny, croyez-vous qu'on ne touchera pas à vos pourpoints?..
Le tortureur ne s'arrête plus quand il commence. Au cortège,
les bancs, les pots, les gobelets!.. A bas! à bas le cortège!

(*Les écoliers jettent leurs pots et leurs gobelets à la tête des gens du
cortège et renversent sur eux les bancs, les tonneaux et les planches. Le cortège se disperse et les écoliers montés sur les débris de
l'échafaudage jettent en l'air leurs chapeaux.*)

LES ÉCOLIERS.

Noël!

JEHAN.

A nous le champ de bataille!

JACQUES.

Oui, mais, enfans que vous êtes, les archers du roi vont
être prévenus... Tenez! voyez-les sur le quai, comme ils
se rangent en bataille avec la garde bourgeoise.

DAME BOURDICHON.

Bon ! mon mari aura sa part de la fête.

JEHAN.

A moi, les écoliers ! barricadons-nous... fermez les chaînes du quai... Nous tiendrons ferme ici.

LES ÉCOLIERS.

Oui... oui...

JEHAN.

Vrai Dieu ! voilà du renfort !

FEMME JACQUEMINE.

Qui donc?

DAME BOURDICHON.

Perrinet.

TOUS.

Perrinet !

SCÈNE VII.

LES MÊMES. PERRINET.

(Il entre par la ruelle. Tout le monde l'entoure.)

PERRINET , regardant la porte du Châtelet.

M'y voilà !

JEHAN.

Notre-Dame-des-genêts nous est en aide, c'est elle qui t'envoie, car Perrinet le vendeur de fer est à nous, corps et ame.

PERRINET.

D'ordinaire, mes doctes maîtres, Perrinet n'a jamais refusé fêtes ou querelles, joies ou peines, pourvu que ce fût en votre compagnie ; mais aujourd'hui je ne suis point à moi, et je ne puis disposer pour vous, ni de ma tête, ni de mon bras.

JEHAN.

Nous avons pourtant grand besoin de l'un et de l'autre. Vois-tu ces barricades, ces chaînes?

PERRINET.

Que voulez-vous faire ?

JEHAN.

Sauver un de nos frères qu'au Châtelet on pare pour la potence.

PERRINET.

Un écolier!

JEHAN.

On nous l'a dit... Mais, écolier, bourgeois ou manant, nous voulons le sauver.

PERRINET.

Si c'était lui!... Le sauver! comment?

DAME BOURDICHON.

En battant la garde bourgeoise.

JEHAN.

Et en prenant le Châtelet.

PERRINET.

Enfans! prendre le Châtelet! le vieux Châtelet fait d'une pierre si dure qu'en creusant tout un jour vous n'auriez pas un fourreau pour y cacher la plus courte de vos dagues! Ah! croyez-en mon conseil...

JEHAN.

Ce n'est point un conseil qu'il nous faut, mais un bras qui fasse brèche ou dans un mur ou dans une tête d'archer. Garde le tien, Perrinet, et sauve-toi, si tu as peur.

LES ÉCOLIERS.

Oui... oui... hors d'ici, le vendeur de fer!

PERRINET, se plaçant près de la borne sise au coin de la ruelle.

Au large, mes maîtres! c'est ici ma place, et tout le collège de Cluny ne me la ferait quitter que bien tachée de sang.

UN ÉCOLIER.

Alerte! voilà les archers!

DAME BOURDICHON.

Tapez sur les bourgeois!... et nous, commères, cachons-nous.

(Elles se mettent dans un coin tandis que les écoliers montent sur la barricade qu'ils ont élevée à la hâte.)

PERRINET.

Les imprudens! ils vont tuer celui qu'ils veulent sauver.

UN OFFICIER DES ARCHERS.

Écoliers, bourgeois et manans, faites la place nette, au nom de notre sire le roi et de monseigneur le connétable ?

DAME BOURDICHON, cachée.

A bas, le connétable !

LES ÉCOLIERS.

Oui... oui... à bas ! sus... sus aux archers !

L'OFFICIER.

En avant, mes bons archers... et double solde !....

(Les archers balaient en un instant la place... La garde bourgeoise entre à son tour. Dame Bourdichon, qui s'était cachée en voyant fuir ses partisans, ramasse un pot et le jette sur la tête d'un soldat de la garde bourgeoise.)

DAME BOURDICHON.

Je veux en assommer un.

BOURDICHON, qui reçoit le coup.

Ouf !

DAME BOURDICHON.

Sainte vierge ! mon mari !..

(Elle se sauve par la ruelle; il ne reste plus en scène que le capitaine des archers, Jacques qui, pendant la bataille, était rentré chez lui... Perrinet qui était resté à la même place, et Bourdichon qu'on relève.)

SCÈNE VIII.

PERRINET, BOURDICHON, LE CAPITAINE, ARCHERS, JACQUES, PERRINET CACHÉ DERRIÈRE LA GROSSE BORNE, **GARDE BOURGEOISE.**

LE CAPITAINE.

Messieurs les bourgeois, au nom de monseigneur le connétable, je vous convie à rester sous les armes : que personne ne s'arrête plus sur cette place. Aubry, placez des factionnaires !

BOURDICHON, au tavernier Jacques.

Comme blessé, je dois être exempté de service.... Compère

Jacques, entrons vite... j'ai besoin de compresses en divers endroits. Aye! aye!

LE CAPITAINE.

Ils ont oublié une sentinelle à la tête du pont... Holà, manant!

(Il frappe sur l'épaule de Bourdichon.)

BOURDICHON.

Je suis bourgeois, messire, bourgeois de Paris.

LE CAPITAINE.

Reprends ta hallebarde, et jusqu'à ce que l'on vienne te relever, garde la tête de ce pont, avec la consigne de dissiper tout rassemblement.

BOURDICHON.

Moi!...

LE CAPITAINE.

C'est l'ordre du connétable... Suivez-moi, vous autres.

JACQUES.

Puisque c'est comme ça, je vais soigner votre oie qui tourne en broche depuis une grande heure.

BOURDICHON.

Qui la mangera donc?

JACQUES.

Vos amis qui sont entrés par la porte de la ruelle.

BOURDICHON.

Eh! tavernier! écoute donc!

JACQUES.

On ne peut pas rester sur la place, je me sauve.

BOURDICHON.

O supplice de damné!... je me sens un appétit à manger mon oie tout entière.... et je n'ai qu'une vieille hallebarde à ronger.

(Il se promène avec fureur.)

(38)

SCÈNE IX.

PERRINET, BOURDICHON.

PERRINET, qui pendant la scène précédente est resté caché derrière la grosse borne.

C'est bien : et maintenant nul ne sortira par cette porte que je ne le voie... Attendons ! dussé-je passer à cette place jours et nuits, je ferai ce que m'a dit madame la reine.

BOURDICHON.

Je n'aurais pas la force, à l'heure qu'il est, de dire un *pater* tout entier... (*Il se promène.*) Ils doivent en être au rôti... Si je pouvais seulement les voir de loin, il me semble que ça me consolerait.

(Il monte sur un banc au coin de la porte du Châtelet, en face la taverne, appuyé sur sa hallebarde, et regarde au balcon.)

PERRINET, à part.

Gervais tarde bien à venir !.. manquerait-il de cœur?.. Oh! non... il a du sang d'homme dans les veines, et il m'a dit vingt fois : Perrinet, ce sang est à vous.... On marche au bout de la ruelle... Si c'était lui !... non... ce sont les archers... Ils vont me forcer à quitter cette place... si je résiste, ils m'arrêteront... je ne pourrai tenir ma parole. (*A lui-même.*) Les voilà... ils approchent... que faire? Ah! je n'ai que ce moyen.

(Il se montre à Bourdichon.)

BOURDICHON, descendant de la borne.

Qui va là?.. Tiens, c'est vous, Perrinet ?

PERRINET.

Oui... on m'envoie pour vous remplacer.

BOURDICHON.

Vraiment!

PERRINET.

Oui... la preuve, c'est que voilà votre consigne: ne laisser s'arrêter personne sur cette place.

BOURDICHON.

C'est cela.

PERRINET.

Hâtez-vous !

BOURDICHON.

Je ne demande pas mieux, cher fils... Tiens, voilà ma hallebarde, mon épée... ma dague...

PERRINET.

Merci... j'ai la mienne.

BOURDICHON.

C'est un coup du ciel... Ah ! Perrinet, si ma femme revient, n'oublie pas la consigne : ne laisser s'arrêter personne.

PERRINET.

Bien... bien... mais partez, partez. (*Il pousse Bourdichon dans l'intérieur.*) Il était temps !

(Des archers sortent de la ruelle, la nuit est venue .. Le chef de la patrouille s'approche de Perrinet.)

LE CHEF DE LA PATROUILLE.

Je t'apporte le mot de passe, messire bourgeois.

(Il le lui dit à l'oreille et continue sa ronde.)

PERRINET.

Ils s'éloignent... et nulle crainte à présent... on ne peut plus soupçonner mon dessein... O messire Bourdon, je saurai si vous êtes vivant, et je vous sauverai, si pareille action peut être accomplie par un homme.

(Ici Gervais passe sa tête au-dessus du parapet et regarde.)

GERVAIS, appelant.

Perrinet! messire Perrinet !

PERRINET, appuyant sa hallebarde sur le mur du château.

C'est sa voix! A moi, mon brave Gervais, à moi! Oh! je suis plus ferme en mon espoir, en sentant ta main dans la mienne.

GERVAIS.

Je vous dois la vie, messire. Vous m'avez dit, en passant près de moi tantôt : A la nuit tombante, Gervais, je serai devant le Châtelet... j'aurai besoin de toi, viens... La nuit est tombée et je suis venu.

PERRINET.

Parle bas... Ainsi que je te l'ai dit, tu as amené ta barque, n'est-ce pas ?

GERVAIS.

Elle est là... au bas du Pont-aux-Meûniers.

PERRINET.

Bien... descends-y et reste immobile, jusqu'à ce que du pont je te jette cette croix : si Dieu permet que ce soit elle que je t'envoie.

GERVAIS.

Et quand vous me l'aurez jetée?

PERRINET.

Alors, prends tes deux rames, éloigne-toi du bord; quel-que bruit, quelques cris que tu entendes, ne t'arrête pas; sors de la ville... et puis, n'importe par quelle route, va trouver la reine Isabeau, en quelque ville qu'elle habite, entends-tu bien; qu'elle soit malheureuse et prisonnière à Tours, ou libre et heureuse partout ailleurs, pénètre jus-qu'à elle; et que tu la trouves dans un donjon ou dans un de ses châteaux royaux, tu lui diras : Madame la Reine, Perrinet m'envoie... et tu auras fait une bonne action... et une reine de France te dira : Sois le bienvenu... Où vas-tu donc?

GERVAIS.

Attendre votre croix dans ma barque.

PERRINET.

Bien répondu. Prends aussi cet argent, qui t'abrégera la route, car madame la reine compte les instans. A présent, embrasse-moi, Gervais; car nous ne devons peut-être plus nous revoir dans ce monde.

GERVAIS.

En ce cas, messire, Dieu nous accorde la grâce de nous retrouver dans l'autre.

(Ils s'embrassent et Gervais descend par le chemin qu'il a pris pour mon-ter. Perrinet l'a suivi et, appuyé, sur le parapet, lui parle encore à mi-voix.)

PERRINET.

Prends garde!... amarre ta barque au dernier pilier et tiens prêt ton couteau pour couper la corde.

(Ici la porte du Châtelet s'ouvre et le connétable en sort accompagné du capitaine des archers de l'ordonnance et de quelques soldats... Il fait nuit complète, et le connétable et sa suite marchent sans bruit.)

LE CONNÉTABLE, tenant un parchemin qu'il roule et serre sous sa cuirasse.

Bien... Bourdon a donné à la torture ce qu'il m'a refusé d'abord... Au tour de madame Isabeau... (*A un homme à chaperon rouge qui s'est arrêté sur le seuil de la porte du Châtelet et qu'on reconnaît pour être le tortureur.*) La plus grande prudence dans l'exécution des ordres que j'ai donnés... que nul ne puisse voir son visage... Allez.

(L'homme au chaperon rouge salue, rentre et la porte se ferme. Perrinet, tout occupé de Gervais, n'a rien entendu de cette scène qui est dite à voix basse et sur l'avant-scène.)

A-t-on établi des postes, comme je l'avais ordonné?

LE CAPITAINE, voyant la hallebarde de Perrinet.

Oui, monseigneur, mais s'ils sont gardés tous comme celui-ci... voyez.

LE CONNÉTABLE.

Cette arme doit appartenir à ce drôle que j'aperçois là-bas penché sur le parapet.

PERRINET, quittant le parapet, et se rencontrant avec le connétable.

Tout est bien maintenant...

LE CONNÉTABLE.

A qui cette hallebarde?

PERRINET.

A moi... Le connétable!

LE CONNÉTABLE.

Désarmez-le.

(On se jette sur Perrinet, et on lui arrache son épée... Pendant ce mouvement, la porte de la taverne s'est ouverte, et Bourdichon, Jacques et quelques autres bourgeois paraissent avec des torches.)

BOURDICHON.

Bonsoir, tavernier... Ah! une patrouille!..

JACQUES.

Et patrouille ayant noble chef... monseigneur le connétable.

BOURDICHON ᴇᴛ **LES BOURGEOIS**, se découvrant,

Monseigneur !

LE CAPITAINE, poussant Perrinet, désarmé, devant le connétable.

Maintenant, voilà le mauvais soldat redevenu manant.

BOURDICHON ᴇᴛ **LES BOURGEOIS.**

Perrinet !

(Perrinet, les bras croisés sur la poitrine, regarde le connétable, et attend avec calme.)

LE CONNÉTABLE.

Ah, ah ! messieurs les bourgeois ! On vous confie la garde de votre ville, et c'est ainsi que vous vous acquittez de votre devoir ! Vous a-t-on donné des hallebardes pour les abandonner à qui veut les prendre? (*Aux bourgeois.*) Mes maîtres, qu'un de vous prenne la place de ce jeune homme !

LE CAPITAINE, donnant la hallebarde à Bourdichon.

Tenez, compère.

BOURDICHON.

Il était écrit là-haut que je ne l'échapperais pas.

LE CAPITAINE.

Et vous autres, au large !

LE CONNÉTABLE.

Non.... qu'ils demeurent.... Je veux qu'ils emportent une leçon qui les rende plus vigilans à l'avenir.

PERRINET, à part.

Ah ! madame la reine, s'il faut mourir, qui vous parlera de messire Bourdon?

LE CONNÉTABLE.

Que deux de mes bons archers sortent des rangs ! (*Deux hommes sortent.*) Tirez vos épées!... (*Mouvement d'effroi des bourgeois. Calme de Perrinet.*) Déposez là vos bonnes lames, et comptez sur les épaules de ce manant huit coups de vos fourreaux!

PERRINET.

Monseigneur, c'est une punition de soldat, et je ne suis point soldat.

LE CONNÉTABLE.

Qu'on fasse ce que j'ai dit !

PERRINET, s'avançant vers lui.

Monseigneur, c'est une punition de serf et de vassal, et je ne suis ni l'un ni l'autre.

LE CONNÉTABLE.

Je maintiens le châtiment prononcé, puisqu'il te va si droit au cœur.

(Deux soldats font un pas vers Perrinet. Il les repousse, et se jette sur le bras du connétable.)

PERRINET.

Réfléchissez, monseigneur, réfléchissez qu'au sire roi lui-même Perrinet Leclerc ne pardonnerait pas pareil outrage, et qu'il ferait vœu de ne reposer jour ni nuit qu'il n'en ait tiré vengeance.

LES BOURGEOIS.

Grâce! grâce!

LE CONNÉTABLE.

Je n'ai pas coutume d'écouter prières ou menaces... Huit coups de fourreau... pas un de plus, pas un de moins, mais appliqués de manière que pour long-temps le drôle se souvienne du connétable!

PERRINET.

Monseigneur, je n'oserai plus me montrer demain.

JACQUES, aux autres, pendant que le connétable remonte la scène.

Frapper un bourgeois! On ne l'a jamais fait.

UN BOURGEOIS.

Nous ne devons pas le souffrir.

TOUS.

Non! non!

JACQUES.

Ces drôles sont moins nombreux que nous.

PREMIER BOURGEOIS.

Et nous avons tous des couteaux ou des dagues.

TOUS.

Allons! allons!

LE CONNÉTABLE, revenant.

Qu'est-ce ceci, mes maîtres? Des murmures, des menaces!

Voyons donc qui de vous osera arracher cet homme des mains de mes archers? Soldats!

(On repousse les bourgeois, qui reculent effrayés et n'osent plus remuer! pendant ce temps, on a arraché à Perrinet sa veste ou pourpoint.)

PREMIER ARCHER, à Bourdichon.

Compte, bourgeois!

BOURDICHON.

Moi?

(Les soldats, placés, l'un à gauche, l'autre à droite, frappent alternativement sur les épaules nues de Perrinet.)

BOURDICHON.

Saint Babolin, je tremble de tous mes membres.... Un.... deux.... Pauvre Perrinet!.... Trois.... quatre.... Et quand je pense que j'aurais pu.... Cinq.... six.... Mais le sang coule, messires les soldats.

PREMIER ARCHER.

Sept.

DEUXIÈME ARCHER.

Et huit.

BOURDICHON.

Ah! Dieu soit loué! le compte y est.

PERRINET.

Me voilà déshonoré!

LE CONNÉTABLE.

Qu'il s'en aille maintenant. Ce n'est pas le bourgeois, c'est le soldat que j'ai puni; et rappelez-vous, mes maîtres, qu'à celui qui aura quitté son poste je ferai porter sur les épaules, comme à cet homme, la croix de Bourgogne la plus belle et la plus rouge qui se puisse voir.

PERRINET, à part.

Oh! je jure Dieu que tu la porteras aussi, toi.

LE CAPITAINE.

Au large, manans! Place au connétable!

(Les bourgeois s'éloignent; le connétable sort avec les archers.)

SCÈNE X.

PERRINET, BOURDICHON.

BOURDICHON.

Les voilà partis! Pauvre Perrinet!

PERRINET, portant le bras à son pourpoint, et en tirant sa dague.

Ils n'ont pas découvert ma dague... elle est restée dans mon pourpoint. Oh! ma bonne lame, tu as maintenant plus d'un service à me rendre.

(Bourdichon gagne le pont; et Perrinet s'est glissé derrière la borne.— La nuit est très sombre. — Onze heures sonnent à une horloge éloignée.)

BOURDICHON.

Onze heures... et je ne suis pas au logis! J'aurai beau sabbat en rentrant.

(La porte du Châtelet s'ouvre. Trois soldats paraissent, le premier portant une torche, les deux autres un sac de cuir fermé. Ils avancent lentement vers le Pont-aux-Meuniers.)

BOURDICHON, avec effroi.

Qui va là?

LE SOLDAT, portant la torche.

J'ai le mot de passe.

(Il s'approche, et le lui dit à l'oreille.)

PERRINET.

Que portent ces hommes?

LE SOLDAT.

Maintenant, messire bourgeois, vous devez être aveugle et muet.

BOURDICHON.

Je serai ce qu'on voudra.... Sainte Vierge! que va-t-on faire?

PERRINET.

Il y a là-dedans corps vivant ou cadavre.

(Il se traîne jusqu'à l'endroit où les soldats se sont arrêtés et ont déposé leur fardeau pendant qu'on échangeait le mot de passe. Du sac sort un long gémissement.)

Plus de doute... c'est lui... A moi, ma bonne dague!

(Il se relève, porte un coup de poignard à chacun des deux soldats; le
troisième laisse tomber sa torche, et rentre au Châtelet en criant: A
l'aide! Bourdichon tombe à terre, le nez sur sa hallebarde, en disant:
Je suis mort! Perrinet fend avec sa dague le sac de cuir. Bourdon paraît, pâle et défait.)

Fuyez, messire! A Saint-Jacques-la-Boucherie! c'est lieu
d'asile; je vous y joindrai. Fuyons, les voilà. Vous de ce côté.
(*Courant au quai.*) A toi la croix! Gervais, j'ai tenu ma
parole, gloire à Dieu!

(Il s'élance dans la ruelle; l'homme au chaperon accourt du Châtelet
avec trois autres soldats.)

BOURDON, essayant de se soulever.

Fuir! La torture m'a brisé!... Ah! je ne puis... Je meurs!

(Il s'évanouit.)

UN SOLDAT, regardant autour de lui.

Il nous a échappé.

L'HOMME AU CHAPERON.

Achevez l'œuvre.

(Sur un signe, on relève le chevalier; on l'enveloppe dans le sac; on le
porte sur le pont; de là il est jeté à la Seine. Au bruit de la chute,
une fenêtre d'une maison bâtie sur le pont s'ouvre; un bourgeois paraît.)

LE BOURGEOIS.

Un homme... à la rivière... Au secours!... sauvez-le!

L'HOMME AU CHAPERON, montant sur le parapet, d'une voix
forte.

Laissez passer la justice du roi.

(Les soldats, pendant ce temps, ont aperçu Bourdichon, et le relèvent.)

FIN DU DEUXIÈME ACTE.

ACTE III.

1ᵉʳ TABLEAU.

Une salle du château de Crucy. Au premier plan, à gauche, une riche portière ; au deuxième, une grande fenêtre ; au fond, une porte. Au lever du rideau, la reine est assise près de la fenêtre. Marie, appuyée sur le dos du fauteuil qu'elle occupe, regarde un coffret d'or ciselé, qu'un page, à genoux, présente à la reine, qui l'ouvre et en retire des bijoux et des parures précieuses. Le seigneur de Chateluz est placé près du page, dans une attitude respectueuse. Les seigneurs de Giac et de Graville sont près de la reine.

SCÈNE PREMIÈRE.

ISABELLE, MARIE, CHATELUZ, GIAC, GRAVILLE, SEIGNEURS.

ISABELLE.

Notre cousin de Bourgogne ne se contente pas d'être le plus brave des chevaliers chrétiens, il en veut encore être le plus galant. Les pierreries de notre belle couronne de France n'ont pas plus d'éclat et de feu que celles qu'il nous envoie. Prends ce coffret, Marie. (*Au page.*) Lève-toi, enfant.

(Marie est sortie avec le coffret ; le page s'est levé, et s'est allé placer derrière le fauteuil de la reine.)

Sire de Chateluz, digne messager de si noble maître, voilà notre main.

CHATELUZ, s'agenouillant.

Madame !

ISABELLE.

Sans monseigneur de Bourgogne, je serais prisonnière à Tours : il a marché jour et nuit pour me délivrer. Grâce à lui, je suis libre et reine dans ce château. Je l'ai choisi pour ma résidence, parce qu'il est près de Troyes, où monseigneur le duc a son quartier, et parce qu'il s'y trouve garnison si bonne et si nombreuse, que le connétable, qui depuis deux jours nous investit du côté de la route de Paris, n'a point encore osé nous attaquer.

GRAVILLE.

Il est douteux qu'il s'y hasarde; et si madame la reine le voulait, nous pourrions lui en épargner la peine.

ISABELLE.

Je connais votre dévouement, messieurs; j'y compte, et un jour viendra, j'espère, où la régente de France pourra payer les dettes de la châtelaine de Crucy.

(Marie rentre au moment où tous les chevaliers s'inclinent et sortent.)

•

SCÈNE II.

ISABELLE, MARIE.

ISABELLE, retombant dans son fauteuil.

Partis, enfin!

MARIE.

Madame...

ISABELLE.

Ah! laisse-moi, enfant; je suis seule, je suis libre, et pleurer me fait du bien. Quand ils sont là, que leurs regards sont attachés sur mon visage, ne vois-tu pas qu'il faut que je leur parle pour leur cacher ma douleur? Ils croient alors que je m'occupe d'eux. Les insensés! Oh! mon cœur et mes yeux sont sur cette route, toujours sur cette route, où à chaque heure, à chaque instant je crois voir paraître Perrinet, Perrinet, qui a laissé passer six jours entiers sans m'apporter de nouvelles! Il aura voulu parvenir jusqu'au chevalier, vois-tu... Il aura voulu le sauver peut-être, et ils l'auront tué sur le corps de Bourdon. Pauvre Bourdon! mourir si jeune! et de quelle mort! La torture aura brisé ses membres, l'horrible torture qui broie les os pour qu'au milieu des cris de douleur un aveu s'échappe. D'Armagnac a trouvé des juges pour le condamner, des bourreaux pour exécuter la sentence; et moi, je n'ai pas là un serviteur assez dévoué, un homme assez à moi pour aller vers lui et lui dire: Meurs! Isabelle le veut... (Se retournant.) Qui donc entre

ici sans mon ordre? C'est vous, sire de Graville! Que voulez-vous?

SCÈNE III.

ISABELLE, MARIE, GRAVILLE.

GRAVILLE.

Daignez m'excuser, madame la reine. Un envoyé du connétable demande à être amené devant vous.

ISABELLE.

Je refuse de le recevoir, monsieur. Son maître croit-il donc
qu'après lui avoir échappé j'irai me remettre dans ses mains?
S'est-il flatté de nous séduire avec de douces paroles? Dites-
lui que désormais entre nous il n'y a d'autre accommode-
ment qu'avec la pointe de la lance. S'il veut sincèrement la
paix, il sait à quel prix il pourra l'acheter.

(Un son de cor se fait entendre.—A Graville:)

Qu'est-ce cela?

MARIE, qui est près de la croisée.

Un seigneur vient de traverser le pont-levis. Messieurs de
Giac et de Chateluz courent à lui et l'embrassent.

ISABELLE, à Graville.

Le connaissez-vous?

GRAVILLE, regardant.

C'est le sire Villiers, de l'Isle-Adam.

MARIE.

Il demande à voir la reine, car on lui montre cette fenêtre.

ISABELLE, à part.

Encore! ne puis-je donc être seule? Je rentre dans mon
appartement. (*Haut.*) Marie, vous m'avertirez de sa venue.
Sire de Graville, dites-lui que je le prie de m'attendre. (*En
rentrant chez elle.*) De la contrainte! toujours! Oh, mon
Dieu!

SCÈNE IV.

MARIE, GRAVILLE, CHATELUZ, GIAC, L'ISLE-ADAM,
SEIGNEURS.

L'ISLE-ADAM.

Oui, messeigneurs, c'est bien moi : Jean de Villiers, baron
de l'Isle-Adam, il y a huit jours gouverneur de Pontoise au
nom de monseigneur le connétable, aujourd'hui gouverneur
de ladite ville au nom de monseigneur de Bourgogne, auquel
j'en ai ouvert les portes : ce dont l'Armagnac enrage, je vous
assure, à ce point qu'il me ferait couper en morceaux s'il le
pouvait. Eh! dites-moi! n'est-ce pas son envoyé que j'ai ren-
contré en bas, et qui a fait si laide grimace en me voyant
passer?

GRAVILLE.

Précisément. J'allais lui porter la réponse de la reine, qui
le satisfera peu, je pense.

L'ISLE-ADAM.

Oh! pour l'amour de moi, sire de Graville, laissez-la-lui
attendre long-temps : les paroles lui en paraîtront plus
amères. Mais vous me disiez que notre reine était céans?

MARIE.

Elle vient d'entrer dans son appartement, monseigneur,
et m'avait chargée de lui annoncer votre arrivée. Mais pardon : vous venez du côté de Paris, et peut-être avez-vous des
nouvelles de ce qui s'y passe?

L'ISLE-ADAM.

En aucune façon, ma gente demoiselle, car, par ordre de
l'Armagnac, toutes les portes de la ville ont été fermées, les
chaînes de la rivière tendues, et défenses ont été faites à tous
les habitans de sortir des murs, sous peine d'être pendus.

MARIE, sortant.

Oh! que va dire madame la reine?

SCÈNE V.

LES MÊMES, HORS MARIE.

L'ISLE-ADAM.

Or ça, messeigneurs, un siége, s'il vous plait. La route de
Troyes ici n'est pas longue; mais je l'ai parcourue si vite!
Savez-vous bien qu'avec garnison si jeune et si brillante, ce
manoir ne se montre pas assez fier de sa belle et royale châtelaine? Mais on dirait vraiment d'un couvent en deuil de
son supérieur ou de ses vignes? Encore n'ai-je jamais vu
sous un froc visages aussi tristes que les vôtres.

GRAVILLE.

Que voulez-vous, baron? nous sommes ici comme à la
cour, où l'on fait son visage sur celui du maître. Isabelle est
reine et maîtresse, et Isabelle est triste.

L'ISLE-ADAM.

Comment, la fière Isabelle, autrefois si dédaigneuse, Isabelle, dont le cœur de glace faisait mentir les regards de feu,
Isabelle aimait sincèrement le chevalier de Bourdon?

GRAVILLE.

Plus bas, messire! Personne ici ne prononce le nom du
chevalier.

L'ISLE-ADAM.

Après six jours, vrai Dieu, messeigneurs! personne de
vous n'a tenté d'effacer du cœur de la reine ce triste souvenir! Je l'essaierai donc, moi, avec l'aide de Marie, ma gracieuse patronne. Déjà autrefois j'ai osé dire à Isabelle que je
l'aimais; elle le sait : c'est autant de fait pour aujourd'hui.
Ah! si à cette époque Bois-Bourdon n'eût pas été présenté à
la cour... peut-être...

GRAVILLE.

Pleurerait-elle aujourd'hui la mort de l'heureux Villiers de
l'Isle-Adam?

L'ISLE-ADAM.

Heureux celui qu'on pleure! soit; mais plus heureux celui
qui fait oublier!

MARIE, rentrant.

La reine, messeigneurs!

SCÈNE VI.

LES PRÉCÉDENS; MARIE, ISABELLE.

ISABELLE, très agitée.

Salut, messieurs! Baron de l'Isle-Adam, soyez le bienvenu dans ce château. Sire de Graville, l'envoyé du connétable est-il parti?

GRAVILLE.

Non, madame.

ISABELLE.

C'est bien; qu'il attende.

CHATELUZ, à Graville.

Oh, oh! que s'est-il donc passé?

GRAVILLE.

Ce sont les nouvelles apportées par l'Isle-Adam qui trou-
blent ainsi son visage.

ISABELLE, à elle-même.

Tué! ils l'ont tué, et ils croient ainsi me le cacher! (A
l'Isle-Adam.) Est-il donc vrai, baron, que Paris soit fermé,
que personne n'en puisse sortir?

L'ISLE-ADAM.

Personne, madame.

ISABELLE.

Vraiment? Voilà qui est étrange! Et quand donc défense
si rigoureuse a-t-elle été faite?

L'ISLE-ADAM.

Le soir même de votre arrestation, madame, à la suite
d'un grand mouvement populaire qui eut lieu dans la bonne
ville.

MARIE, à part.

O mon Dieu!

ISABELLE.

De telles précautions pour dérober cet évènement à ma
connaissance!

L'ISLE-ADAM.

Ou pour cacher quelque exécution faite au Châtelet, ou ailleurs.

ISABELLE, à part.

Oh oui! plutôt cela!

GRAVILLE, bas, à l'Isle-Adam.

Si c'est avec de pareilles nouvelles que vous faites votre cour...

L'ISLE-ADAM, de même.

Précisément. Quand l'espoir est mort, le souvenir est bien malade.

ISABELLE, à part.

Ah! d'Armagnac! d'Armagnac! (*Haut.*) Sire de Chateluz, qu'attend donc mon cousin de Bourgogne pour marcher au connétable? Croit-il que, pour celle qu'il a reconnue régente de France, il y ait autre séjour convenable que Paris et le Louvre?

CHATELUZ.

Ah! madame, si d'Armagnac n'avait en sa puissance monseigneur le roi, s'il ne disposait ainsi de toutes les forces du royaume, le duc de Bourgogne n'eût pas hésité si long-temps à l'attaquer.

ISABELLE, à elle-même.

Des délais! toujours, et il m'échappera! Oh! qui donc me vengera, mon Dieu!

L'ISLE-ADAM.

Eh bien! il faut enlever, soit par force, soit par ruse, le roi au connétable, ou le connétable au roi; et, dans cette glorieuse tâche, je vous aiderai, messeigneurs, si madame la reine veut accepter le secours de mon épée.

GRAVILLE, à Chateluz.

Épée de traître! épée à deux tranchans qui frappe aujourd'hui à droite, demain à gauche.

ISABELLE.

Oui... oui... et je vous remercie, baron, d'être venu m'offrir l'appui de votre bras. Je me souviens qu'autrefois vous m'aviez juré fidélité en toute occasion.

L'ISLE-ADAM.

Oui, madame; et l'accueil gracieux que vous daignâtes alors faire à ce serment ne sortira pas de ma mémoire.

ISABELLE l'a d'abord regardé d'un air sévère; puis, après un moment de réflexion, elle ajoute en souriant :

Quoi! baron, croirai-je que vous vous rappelez encore vos folies?

L'ISLE-ADAM.

J'aurai le malheur de ne jamais les oublier, madame.

ISABELLE, après l'avoir regardé.

Sire de Graville, dites à l'envoyé du connétable que je l'attends.

(Graville sort. Isabelle va s'asseoir; l'Isle-Adam se place près d'elle, s'appuyant sur son fauteuil.)

L'ISLE-ADAM.

Ce sera donc pour lui porter nos défis et nos malédictions, madame?

ISABELLE.

Oui... peut-être... Savez-vous qu'il faut être bien hardi pour me parler comme vous l'avez fait, sire de Villiers? Bien vous prend d'avoir votre brevet de fou!

L'ISLE-ADAM.

Qui me permet de débiter des vérités...

ISABELLE.

Des extravagances qui égaieront ma solitude.

L'ISLE-ADAM.

Je m'efforcerai de les regarder comme telles, puisque madame la reine le veut.

ISABELLE.

Et vous aurez peine à y parvenir, n'est-ce pas? (*Riant.*) Oh! mais c'est un amour violent que vous avez au cœur! Prenez-y garde!

GIAC, bas, à Chateluz.

Voyez-vous comme la reine lui sourit!

CHATELUZ, de même.

C'est un heureux coquin que ce l'Isle-Adam.

SCÈNE VII.

LES PRÉCÉDENS; GRAVILLE, DUPUY.

ISABELLE, qui, à l'arrivée de Dupuy, a repris une figure sévère.

Il n'est pas besoin de vous rappeler aujourd'hui qu'on se découvre devant la reine, messire Dupuy; car vous ne l'oubliez pas ici comme à Vincennes. Que me veut votre maître?

DUPUY.

Monseigneur le connétable vous fait demander une entrevue, madame.

ISABELLE.

A nous! Et il pense que nous nous fierons en sa loyauté!

DUPUY.

Pour éviter de part et d'autre tout soupçon de trahison, il propose pour lieu de rendez-vous la vaste prairie de Crucy. Une tente y sera élevée, des barrières y seront posées. Il se fera suivre d'un nombre de chevaliers égal à celui des seigneurs qui formeront votre escorte. Cette garde se tiendra à vingt-cinq pas de la tente; un seul chevalier de part et d'autre en défendra l'entrée, et monseigneur le connétable, avant de passer la barrière, déposera sa dague et son épée.

ISABELLE, qui a écouté tous ces détails avec la plus grande attention.

Un seul homme avec lui!

DUPUY.

Madame la reine fixera elle-même l'heure du rendez-vous et le nombre des chevaliers qui devront l'accompagner.

ISABELLE, à elle-même.

Sans armes!

L'ISLE-ADAM.

La reine fera sagement, je crois, de les choisir fidèles et de bonne garde.

DUPUY.

Pourquoi donc, messire de l'Isle-Adam? Monseigneur le

connétable est-il un chevalier félon? A-t-il livré aux ennemis de son pays une place que lui avait confiée son roi?

L'ISLE-ADAM, riant.

Comme l'a fait ce traître de Villiers, n'est-ce pas? qui donnerait deux ans de sa vie pour avoir vu la mine du d'Armagnac à cette nouvelle.

DUPUY.

Si la présence de la reine ne me fermait la bouche, j'ap-
prendrais au sire de l'Isle-Adam la sentence qui a été rendue
contre lui.

L'ISLE-ADAM.

Oh! dites, chevalier. Que me promet votre maître en paie-
ment de sa jolie ville de Pontoise?

DUPUY.

Un gibet à Montfaucon.

L'ISLE-ADAM.

Voyez donc, messeigneurs, ce bon connétable qui m'offre
une place dans son domaine!

DUPUY.

S'il est à lui, messire, il eût bien fait de vous y retenir le
jour où, soupçonnant votre manque de foi, il se con:.nta
de vous appeler, devant toute la cour, chevalier traître et
félon.

L'ISLE-ADAM.

Quiconque dit cela a menti.

ISABELLE.

Assez, assez! (*A Dupuy.*) Dans un instant vous connaîtrez
ma réponse.

(*Dupuy s'éloigne avec Graville.—Aux autres seigneurs.*)

Éloignez-vous, messieurs.

(*Sur un signe, l'Isle-Adam reste près d'elle.*)

CHATELUZ, à Giac, en sortant.

Toujours l'Isle-Adam!

(*Les seigneurs se retirent au fond dans la galerie.*)

SCÈNE VIII.

ISABELLE, L'ISLE-ADAM.

ISABELLE.

Mais je ne savais pas que vous eussiez si puissans griefs contre le connétable, messire de Villiers.

L'ISLE-ADAM.

S'ils existaient en effet, madame, je les aurais avoués avec la même sincérité que j'ai mise à vous parler de mes souvenirs.

ISABELLE.

Oh! ceux-ci ne sont pas aussi dangereux que vous le disiez, et nous pourrions penser maintenant que vous avez embrassé notre querelle moins par amour pour nous que par haine pour d'Armagnac.

L'ISLE-ADAM.

Vous pensez cela, madame?

ISABELLE.

Oui... peut-être.

L'ISLE-ADAM.

Alors même que le malheureux Villiers offrirait à sa reine et maîtresse une marque de dévouement qu'elle ne demanderait à personne en cette cour?

ISABELLE.

Oui, messire, alors encore.

L'ISLE-ADAM.

Même s'il lui disait : Deux hommes doivent se trouver à l'entrée d'une tente, je puis être l'un de ces hommes; l'autre ne sera pas à craindre s'il se nomme Saverny, Montfort ou d'Orgemont; car le d'Armagnac compte sur eux, et tous trois le haïssent au fond du cœur.

ISABELLE.

Oui, ce ne serait point assez.

L'ISLE-ADAM:

Même quand il ajouterait : A un signal convenu, je puis
m'élancer sur le connétable, le frapper en criant : Trahison!
et ce signal serait un mot, un geste insignifiant pour tout
autre; par exemple, la reine se levant et prenant son voile
des mains d'une de ses femmes.

ISABELLE.

Marie m'accompagnera.

L'ISLE-ADAM.

Quoi! même avec tout cela, ce pauvre Villiers ne pourrait faire croire à sa sincérité?

ISABELLE lui tend vivement sa main, qu'il embrasse; puis, se tournant vers le fond :

Qu'on dise au connétable que j'accepte son entrevue. Le
chevalier de l'Isle-Adam en arrêtera toutes les conventions.
Je partirai dans une heure, messieurs.

FIN DU PREMIER TABLEAU.

II° TABLEAU.

Le théâtre représente une tente élevée pour l'entrée de la reine et du
connétable, occupant trois plans ; au delà la campagne ; une barrière
a été posée à l'extrémité de ladite tente pour séparer les hommes d'armes de la reine des hommes d'armes du connétable; dans la tente, une
table et un fauteuil pour la reine; au lever du rideau, le sergent
Robert et Olivier achèvent d'élever la tente et apportent la table et le
fauteuil.

SCÈNE PREMIÈRE.

DUPUY, ROBERT, OLIVIER.

OLIVIER.

Voilà qui est fait.

DUPUY, examinant la tente.

Vrai Dieu! mes bons archers, le maître des fêtes et céré-
monies de monseigneur le roi n'aurait pas fait mieux et
plus vite.

OLIVIER, à Dupuy.

Capitaine, messire de l'Isle-Adam s'avance de ce côté.

DUPUY.

Jusqu'au moment de l'entrevue, excepté les juges du camp, nul n'a le droit maintenant d'outrepasser cette barrière... Hors d'ici, mes braves, ce n'est plus votre place.

(Les archers se retirent au-delà de la barrière.)

SCÈNE II.

DUPUY, L'ISLE-ADAM.

(L'Isle-Adam est suivi et précédé de plusieurs archers portant la croix rouge; l'Isle-Adam seul entre dans la tente.)

DUPUY.

Sur ma foi, messire, la reine se connaît en juge du camp, car elle a choisi pour le sien l'homme le plus expert en traîtrise qui se puisse rencontrer.

L'ISLE-ADAM.

Maître Dupuy, nous avons vieille querelle à vider ensemble; mais elle ne viendra qu'à son tour... A votre connétable d'abord.

DUPUY.

Il n'aurait rien à craindre de vous, si le sire de l'Isle-Adam, en ennemi loyal, ne l'attaquait qu'en face et à armes égales.

L'ISLE-ADAM.

Votre courtoisie, messire, est d'assez bon augure pour l'entrevue qui se prépare.

DUPUY.

L'heure est venue, et la reine ne doit pas être loin : tout ici, comme vous pouvez vous en assurer, est scrupuleusement conforme à ce que nous avons réglé... Cette tente est isolée de toute habitation, et il ne peut y avoir de notre part ni embûche ni surprise.

L'ISLE-ADAM.

Dieu le veuille! car nous serons sur nos gardes, je vous

l'assure. La reine, ainsi que nous en étions convenus, ne s'est fait accompagner que de cinquante chevaliers ou hommes d'armes... Un seul la suivra jusqu'ici, et s'arrêtera à la barrière. La reine m'a désigné pour occuper ce poste important.

DUPUY.

Le connétable a choisi le seigneur de Saverny.

L'ISLE-ADAM, à part.

Dame Marie nous protège! Saverny est à nous. (*Haut.*) La reine a désiré la compagnie d'une de ses femmes qui se tiendra à l'entrée de la tente.

DUPUY.

Tout est bien, et nous pouvons faire donner le signal.

(Sur un geste de Dupuy et l'Isle-Adam, une fanfare se fait entendre ; les deux juges vont se placer à l'entrée de la tente, l'un du côté de la reine, l'autre du côté du connétable, et ayant l'un et l'autre la main appuyée sur la barrière qui les sépare. Au signal donné, quelques chevaliers et hommes d'armes des deux partis garnissent l'extérieur de la tente.)

L'ISLE-ADAM, d'une voix haute.

Place à madame la reine!

DUPUY, de même.

Place à monseigneur le connétable!

(La reine et le connétable paraissent alors, et s'arrêtent l'un et l'autre sur le seuil de la tente.)

L'ISLE-ADAM.

Et maintenant, nous, les juges du camp, déclarons nous être assurés que, d'aucune part, il n'y a ni piège ni trahison, et en donnons à haute voix notre foi de bons et loyaux chevaliers.

(Dupuy a étendu la main à côté de celle de l'Isle-Adam.)

LA REINE, regardant autour d'elle.

Pourquoi Marie n'est-elle pas auprès de moi? Qui la retient donc? Sire de Graville, rappelez-lui qu'elle avait l'ordre de ne me pas quitter. (*Bas, à l'Isle-Adam.*) Quand je mettrai mon voile.

L'ISLE-ADAM.

A vingt-cinq pas les hommes d'armes de monseigneur le connétable!

DUPUY.

A vingt-cinq pas les hommes d'armes de madame la reine!

(A cet ordre tous les hommes d'armes de part et d'autre s'éloignent, et les rideaux de la tente retombent.)

SCÈNE III.

(Le connétable a dépouillé son armure, et tient à la main un rouleau de papier.)

LA REINE, allant à son fauteuil et à elle-même.

Le voilà donc presque en ma puissance!

LE CONNÉTABLE à part, avec joie.

Elle est venue! (*S'approchant du fauteuil et prenant un ton bref.*) Grâces vous soient rendues, madame, je craignais, je l'avoue, que la reine se souvînt trop de ses griefs et de la journée de Vincennes.

LA REINE.

Et vous avez cru, en la voyant venir, qu'Isabelle manquait de mémoire. Ah! c'est parce qu'elle s'est souvenue qu'elle est ici. (*Elle tourne la tête du côté où est l'Isle-Adam, et le rideau s'entr'ouvre de manière qu'elle voit le chevalier que le connétable ne peut apercevoir.*) Hâtez-vous, connétable, car je brûle d'arriver au terme de cette entrevue.

LE CONNÉTABLE.

Je serai bref, madame, et n'essaierai pas de justifier ma conduite passée; j'en attendrai la récompense, soit qu'elle me doive venir de vous ou du roi. Ne cherchons ni l'un ni l'autre à nous cacher nos mutuels sentimens. Je suis votre ennemi, madame, et l'éclair qui brille dans vos yeux, le frémissement convulsif de vos lèvres me disent assez votre haine. Mais il est tels évènemens qui rapprochent deux partis extrêmes... et des circonstances graves ont amené cette entrevue. La guerre est déclarée entre Bourgogne et moi; ayant à mon côté le roi que je tiens en mon pouvoir, et qui met son nom au bas de mes actes, la victoire m'est assurée sans doute; mais l'alliance d'Isabeau de Bavière, quoique illégalement proclamée régente du royaume, peut donner au duc Jean assez de force pour prolonger la lutte; pendant ce temps l'Anglais s'avance, et frappera bientôt notre France au cœur.

Reine, je vous apporte des paroles de paix ; je vous supplie d'abandonner un parti dont vous êtes l'âme et l'espoir... (*Baissant la voix*) et un sang qui vous est bien précieux ne sera pas répandu... et en échange de votre signature au bas de ce traité, je vous offre la vie et la liberté du chevalier de Bourdon.

LA REINE, d'un air railleur.

Assez, connétable, assez. Qui vous connaîtrait moins croirait entendre en vous le plus ferme et le plus fidèle défenseur du pays... Vous me proposez de quitter mes alliés, d'abdiquer ce titre de régente que je saurai bien faire reconnaître légal par tout le royaume !... Et que m'offrez-vous en échange du trône qu'ainsi je vous laisserais tout entier ?... la vie d'un jeune homme dont le dévouement a été par vous et faussement qualifié de passion criminelle ; car il vous fallait un prétexte pour me perdre. Payer d'une couronne un sang qui ne m'est pas plus cher que celui de mes autres serviteurs, mais je serais plus insensée que le roi Charles... Et regardez-moi... dans mes yeux il y a haine et mépris... mais il n'y a pas encore délire et folie.

LE CONNÉTABLE, brusquement.

Oh ! ce n'est pas ici l'instant de railler, madame... Vous aimez Bourdon... vous l'aimez, et vous rachèterez son sang et sa vie... Car, son sang... c'était votre sang... sa vie, c'était votre vie.

LA REINE, s'enflammant peu à peu.

Eh bien ! oui, connétable, je serai franche avec toi... car nous sommes sans témoins... et cette tente n'a point d'échos qui me puissent trahir. Oui, j'aimais Bourdon... Ma tête eût porté vingt couronnes que je les eusse, l'une après l'autre, arrachées de mon front pour les jeter à tes pieds, en te disant : Rends-le-moi ! J'eusse fait cela, connétable, alors que le chevalier, entre Vincennes et Paris, était encore entre la vie et le supplice !... mais quand tu l'as tenu six jours en ta puissance... quand tu l'as jeté dans ton Châtelet, dont la porte qui se ferme sur un vivant ne se rouvre plus que pour un cadavre, tu m'oses parler de me le rendre !... et je suis encore là... et je t'écoute ! (*A part, et regardant au fond.*) Ah ! Marie tarde bien !

LE CONNÉTABLE.

Et qui vous a dit, reine, que le chevalier de Bourdon fût mort ?

LA REINE.

Oui, tu as dit : Paris, emprisonné et gardé à vue... Paris sera muet... et ses murmures ou ses malédictions n'iront pas jusqu'à la reine.

LE CONNÉTABLE.

Encore une fois, qui vous prouve que Bourdon soit mort ?

LA REINE.

Et qui me prouve qu'il existe ?

LE CONNÉTABLE , froidement.

Cette lettre de lui...

LA REINE.

De lui ?...

LE CONNÉTABLE.

Regardez !

LA REINE.

Oui, c'est bien de lui... (*Après un moment de silence.*) Il n'y a donc pas de courage assez ferme pour résister à la torture !... Cet écrit, vois-tu, est pour moi la preuve de sa mort comme si Bourdon l'avait tracé de son sang... comme si j'avais entendu ses cris... comme si j'avais vu son supplice !... (*A part.*) Oh! Marie, Marie ne viendra-t-elle pas ? (*Haut et avec fureur.*) Connétable, tu essaierais vainement de me tromper... Il y a entre nous quelqu'un qui me crie: Meurtre et vengeance! (*Apercevant Marie qui, le voile de la reine à la main, ouvre précipitamment le rideau, et qui, toute haletante, s'arrête en voyant le connétable.*) Enfin la voilà, Marie!... (*Ici le rideau se lève, et l'Isle-Adam met la main à sa dague; Marie s'est vivement approchée de la reine, et lui présente une croix d'or qu'elle tient... A cette vue, la reine reste sans voix, son bras retombe, elle se laisse aller dans son fauteuil.*) Ma croix! ma croix!

(Le connétable a vu le mouvement de la reine... il a vu aussi remuer le rideau de la tente et la figure de l'Isle-Adam passer... Alors il a porté la main à la place où d'ordinaire est attachée son épée, puis promené un regard inquiet de la reine à l'Isle-Adam , et de l'Isle-Adam à la reine.)

LE CONNÉTABLE, allant droit à elle.

Isabelle, j'ai laissé dans les rangs de mes hommes d'armes un otage dont la tête répond de la mienne.

LA REINE, tremblante, à elle-même.

Oui... cela doit être... cela est... Ma croix. C'est bien elle! Il existe! et j'allais le tuer! (*Haut.*) Connétable, vous m'avez parlé d'un traité : voyons... lisez-le-moi.

LE CONNÉTABLE, lisant.

« Nous, reine de France, reconnaissant qu'un mouvement « irréfléchi nous a entraînée dans le parti d'un rebelle, décla- « rons abandonner à tout jamais la cause du duc Jean de « Bourgogne, et jurons Dieu de ne plus l'aider en rien de ce « qu'il pourra entreprendre contre notre seigneur et maître « le roi, à la condition que le chevalier de Bourdon sera mis « en liberté, et ne pourra plus être inquiété à l'avenir. »

LA REINE.

Et si je signe cela?

LE CONNÉTABLE.

Bourdon sera près de vous avant une heure. Vous voyez d'ailleurs que ce traité n'est valable que si, de mon côté, j'en remplis les conditions.

LA REINE, après une réflexion.

Oui... (*Elle va à la table et signe.*)

LE CONNÉTABLE, à part.

Elle signe enfin!

LA REINE.

Voilà votre traité.

LE CONNÉTABLE, le prenant.

(*A part.*) C'est ta perte, Isabelle!

(Puis il revient au fond, entr'ouvre les rideaux, comme pour annoncer que l'entrevue est terminée.)

LA REINE, pendant ce temps, à part.

Bourdon libre une fois... ce traité sera nul, je te le jure.

MARIE, courant à la reine.

Ah! madame, vous le voyez, Perrinet a tenu parole.

LA REINE.

Silence, enfant!

(Au dehors, une fanfare. — Les rideaux se rouvrent.)

L'ISLE-ADAM.

Les hommes d'armes de madame la reine!

DUPUY.

Les hommes d'armes de monseigneur le connétable!

LE CONNÉTABLE, revenant, salue la reine et lui dit :

Adieu, madame, je retourne à Paris... jamais la grande ville n'aura retenti de votre nom comme dans la journée de demain.

LA REINE.

Allez, connétable! (*Bas.*) Vous m'avez dit avant une heure! (*Haut, et en regardant l'Isle-Adam qui a fait un mouvement.*) Allez, et Dieu vous garde!

DUPUY.

Place au connétable!

(Le connétable sort avec ses hommes d'armes.)

SCÈNE IV.

LA REINE, MARIE, L'ISLE-ADAM, DE GRAVILLE,
CHEVALIERS.

LA REINE.

Marie, Perrinet, où est-il? je veux le voir.

MARIE.

Ce n'est point Perrinet, madame, c'est un homme à lui qui m'a remis cette croix.

L'ISLE-ADAM, avec dépit.

Eh quoi! madame, vous avez tenu entre vos mains votre plus mortel ennemi, et vous l'avez laissé échapper!

LA REINE.

Oui, chevalier; le courage m'a manqué... j'ai eu horreur du sang versé sous mes yeux... Mais vous n'avez donné aucun ordre à mon insu, n'est-ce pas?... et nul danger ne menace à présent le connétable?

L'ISLE-ADAM.

Eh! madame, à quel autre qu'à moi aurais-je laissé le soin de le frapper? Il part... ignorant sans doute que jamais pointe de poignard ne fut aussi près de sa poitrine!

LA REINE, à part.

Oui, il s'éloigne à toute bride... et dans une heure... dans moins d'une heure... (*Haut.*) Retournons au château, messeigneurs, là seulement je vous dirai ce que j'ai dû faire, et vous m'éclairerez de vos conseils pour la conduite à tenir... Maintenant... partons!... Mais que regardez-vous donc, messire de Graville?

GRAVILLE.

Un homme qu'on découvre à peine à travers le nuage de poussière que son cheval fait voler autour de lui.

L'ISLE-ADAM.

Qu'a-t-il à courir ainsi à travers la plaine?

GRAVILLE.

Il vient à nous... voyez!...

MARIE.

Ah! madame, si c'était...

LA REINE.

Bourdon!... il leur aura échappé, peut-être... Ah! si je l'avais pu prévoir!

GRAVILLE.

Il franchit la barrière... il met pied à terre et demande à voir la reine.

LA REINE.

Qu'il vienne! qu'il vienne!

MARIE, qui est allée voir.

Ah! madame, c'est lui.

LA REINE.

Bourdon?

MARIE.

Perrinet!

(Perrinet, couvert de poussière, baigné de sueur, le visage pâle et la poitrine haletante, se précipite sous la tente.)

SCÈNE V.

LES MÊMES, PERRINET.

LA REINE.

Perrinet!... oh! viens, mon brave et fidèle serviteur....
Tu n'as pas manqué à ta parole... Ah! dis-moi quelle récompense te doit Isabelle, et, quelle qu'elle soit, je jure Dieu
de te la donner.

PERRINET, à part.

Ah! malheur! Gervais est arrivé le premier. Madame la
reine, il faut que je vous parle... à vous... à vous seule.

LA REINE, avec inquiétude.

Qu'y a-t-il donc? Qu'on se retire!

PERRINET, bas à Marie.

Tu peux rester, Marie.

(Les chevaliers sortent de la tente dont les rideaux se ferment.)

SCÈNE VI.

LA REINE, PERRINET, MARIE.

LA REINE.

Eh bien! nous voilà seuls, Perrinet.

PERRINET.

Oh, vous allez me maudire, madame. Je vous ai envoyé
un message d'espérance et de joie...

LA REINE.

Oui, ma croix... la voilà... Ah, comme en la recevant
je t'ai béni, Perrinet!

PERRINET.

C'était un message de mort et de vengeance que je vous
devais.

LA REINE.

Ah! malheureux! tu m'as trompée!

PERRINET.

Eh, savais-je, moi, quand je l'avais arraché à ses bourreaux, quand je lui criais, A Saint-Jacques-la-Boucherie,
c'est lieu d'asile, savais-je qu'il ne pouvait fuir, que la torture avait brisé ses membres, et que le lendemain je retrou-
verais son cadavre sur la grève?

LA REINE.

Mort... sans qu'on ait rien pu pour le sauver! Et son
assassin était là... là... Il était là tout-à-l'heure.

PERRINET.

D'Armagnac?

LA REINE.

D'Armagnac... et je pouvais d'un mot... le tuer... et
venger Bourdon!.... Et je ne l'ai pas fait!.. Oh! insensée...
j'ai protégé sa retraite au contraire. Je me serais jetée au
devant du coup qui l'aurait menacé!... Oh! mais j'étais
folle de croire qu'il me rendrait Bourdon, qu'il ne me trom-
pait pas... Ou plutôt, c'est toi, Perrinet, qui l'as sauvé...
car sans toi j'aurais méprisé ses protestations, ses ser-
mens... et j'aurais dit : Frappez-le... Sans toi il ne se ri-
rait pas de ma crédulité... il n'emporterait pas en triomphe
ce traité... ce traité dont il va faire une preuve de mon
crime. O mon Dieu!... Ah! Perrinet, toi seul as fait tout
cela.

PERRINET.

Oui, madame, et sur ma vie je réparerai tout cela.

LA REINE.

Toi?

PERRINET.

Oui; car celui qui vous livrerait le connétable endormi
et sans défense; celui qui vous rendrait outre cela Paris, votre bonne ville .. oh! celui-là aurait fait plus de bien que
je n'ai fait de mal... et à celui-là vous accorderiez bien une
grâce, n'est-ce pas?

LA REINE.

Oh! je donnerais la moitié de mes jours... la moitié de
mon sang... Mais tu ne peux être cet homme, toi!

PERRINET.

Je serai cet homme.

LA REINE.

Comment?

PERRINET.

Mon père garde la nuit sous son chevet les clefs de la ville... Je puis les prendre et vous ouvrir les portes.

MARIE.

Ah! Perrinet, tu ne feras pas cela.

LA REINE.

Silence! jeune fille!

PERRINET, après un moment de silence.

Je vous ouvrirai les portes, vous dis-je.

LA REINE.

Que t'a-t-il fait, à toi, le connétable?

PERRINET.

Que vous importe, reine? Vous avez promis une grâce; si vous tenez votre parole, je tiendrai la mienne.

LA REINE.

Eh bien donc! que veux-tu? est-ce Marie... Marie que tu aimes?

PERRINET.

Non... jusqu'à ce que je sois vengé, je ne suis plus digne d'elle.

MARIE.

Que dis-tu?

LA REINE.

Est-ce de l'or? je t'en donnerai.

PERRINET.

Non.

LA REINE.

De la noblesse... des honneurs?

PERRINET.

Rien de tout cela.

LA REINE.

Mais qu'est-ce donc?

PERRINET.

Vous êtes régente de France?

LA REINE.

Oui.

PERRINET.

Vous avez droit de vie et de mort, et vous avez un sceau royal qui peut conférer votre pouvoir à celui qui est porteur d'un écrit scellé par vous?

LA REINE.

Eh bien?

PERRINET.

Eh bien! il me faut ce sceau au bas d'un parchemin... et que ce parchemin me donne une vie... une vie dont je pourrai faire tout ce que je voudrai, dont je ne devrai compte à personne, et que j'aurai le droit de disputer au bourreau lui-même.

MARIE.

Ah! que demandes-tu, Perrinet?

LA REINE.

Ce n'est ni celle du dauphin, ni celle du roi?

PERRINET.

Non, madame.

LA REINE.

Eh bien! je te l'accorde. (*Elle écrit :*) « Nous, Isabeau de « Bavière, par la grâce de Dieu, régente de France (*Parlant*), « (Mais tu me livreras Paris!) ayant, à cause de l'occupation « de monseigneur le roi, le gouvernement et l'administration « du royaume... (*Parlant.*) (Tu me le livreras!) cédons à « Perrinet Leclerc notre droit de vie et de mort sur... Le « nom? »

PERRINET.

Sur le comte d'Armagnac, connétable du royaume et gouverneur de la ville de Paris.

LA REINE.

Ah! c'est pour le tuer au moins que tu me demandes sa vie? Pour le tuer, n'est-ce pas? (*Elle signe.*) Tiens.

PERRINET.

Merci.

MARIE.

Horreur !

PERRINET.

Maintenant, un homme d'exécution avec lequel je puisse me concerter et m'entendre; noble ou vilain, peu m'importe, pourvu qu'il ait pouvoir et volonté.

LA REINE.

Marie, fais appeler le sire Villiers de l'Isle-Adam... celui-là a même haine que nous pour le connétable.

SCÈNE VII.

LES MÊMES, L'ISLE-ADAM.

LA REINE.

Sire de Villiers, voici un jeune homme qui nous livre les clefs de Paris.

L'ISLE-ADAM, dans un premier mouvement de joie, tend la main à Perrinet, puis la retire en voyant son costume.

Cet homme?

PERRINET, avec raillerie.

Gardez votre main pour frapper l'ennemi, sire de l'Isle-Adam; quoique j'aie quelque droit à la toucher, car, ainsi que vous, je vends mon roi et ma patrie... Gardez votre main, seigneur de Villiers, quoique nous soyons frères en trahison.

L'ISLE-ADAM.

Jeune homme...

PERRINET.

Me répondez-vous de cinq cents lances?

L'ISLE-ADAM.

J'ai mille hommes d'armes dans la ville de Pontoise que je commande.

LA REINE.

J'y joindrai la noble et vaillante garnison de Crucy, car je
serai de l'entreprise.

PERRINET.

A cheval donc, alors!

LA REINE.

A Paris!... à Paris! messieurs!

(La toile baisse au moment où Perrinet entr'ouvre le rideau de la tente.)

FIN DU TROISIÈME ACTE.

ACTE IV.

Le théâtre représente à droite du spectateur, aux deux premiers plans, la porte Saint-Germain, puis les remparts se prolongeant au fond et disparaissant à gauche derrière la maison de Leclerc qui occupe un tiers du théâtre. Cette maison est coupée en deux étages. Au lever du rideau, Leclerc est chez lui avec madame Bourdichon, qui semble continuer une conversation animée. Devant la maison de Leclerc un groupe de bourgeois crie et frappe pour qu'on ouvre la porte Saint-Germain.

SCÈNE PREMIÈRE.

LECLERC, DAME BOURDICHON, JACQUES, BOURGEOIS.

(Au lever du rideau, Leclerc est sur sa porte, madame Bourdichon à l'intérieur.)

JACQUES.

Holà ! eh ! messire Leclerc, ouvrez-nous !

TOUS.

Oui ! oui ! ouvrez-nous !

LECLERC, sortant de chez lui.

Jusqu'au retour du connétable, personne ne sortira, mes maîtres.

UN BOURGEOIS.

Toujours même défense donc !

JACQUES.

Il y a trop long-temps que ça dure.

TOUS.

Oui ! oui !.. allons donc ! la porte ! la porte !

(Fanfare au dehors.)

LA SENTINELLE.

Le roi ! ouvrez au roi et à monseigneur le connétable.

SCÈNE II.

LES PRÉCÉDENS, **LE ROI, LE CONNÉTABLE, ARCHERS, HOMMES D'ARMES, TROMPETTES.**

(Entrent d'abord des trompettes sonnant des fanfares; puis un peloton d'archers, puis enfin le roi sur un cheval blanc, ayant à sa gauche le connétable, à cheval aussi, armé de toutes pièces. Le peloton d'archers traverse le théâtre ainsi que le roi. Il est abattu, la tête penchée sur la poitrine.)

LE CONNÉTABLE, s'arrêtant au milieu du théâtre.

Que veut dire ceci? et pourquoi ces cris, qui tout-à-l'heure parvenaient jusqu'à nous? Faut-il donc que chaque fois qu'il rentre dans sa bonne ville, notre sire le roi entende des clameurs de haine ou de sédition? Héraut, fais ton devoir.

JACQUES.

Avez-vous remarqué comme le roi est triste!

DAME BOURDICHON.

Le pauvre homme! il penche tellement la tête sur sa poitrine, qu'on ne lui voit pas la figure.

LE HÉRAUT, lisant.

De par notre sire le roi Charles VIe du nom, attendu qu'il résulte des aveux d'un certain chevalier de Bourdon, qu'il existait entre lui et la reine Isabeau une liaison criminelle : attendu qu'oublieuse de tous ses devoirs et de sa pudeur de femme, la reine a proposé à monseigneur le connétable un traité, par lequel elle s'engage à abandonner ses nouveaux alliés, à la seule condition qu'on lui rendra le chevalier de Bourdon : que par cette clause, base de ce traité, signé de sa main, elle confesse et proclame elle-même son crime, le roi, aidé de son conseil, dépouille ladite reine Isabeau de son titre et privilège de reine, déclare ses actes nuls, et la bannit à perpétuité du royaume.

(Le connétable s'éloigne précédé du héraut et suivi de Dupuy, et d'un peloton d'archers. Ici la nuit vient.)

DAME BOURDICHON.

Sainte Vierge! la reine chassée du royaume!

JACQUES.

Décidément, le connétable est le plus fort : nous ferons bien de nous tenir tranquilles.

LE CAPITAINE DE L'ORDONNANCE, qui est à la tête des hommes d'armes échelonnés à la porte Saint-Germain.

Messieurs les bourgeois, l'ordre de monseigneur le connétable est qu'à la nuit tombante il n'y ait plus personne dans les rues. Que chacun se retire donc chez soi, s'il ne veut être traité comme espion ou ennemi.

PREMIER BOURGEOIS.

Bientôt il ne nous sera plus permis de sortir de nos maisons.

(Les hommes d'armes dissipent la foule dont une partie s'en va de bonne grâce, l'autre de mauvaise humeur. Ils disparaissent avec elle dans la rue. Madame Bourdichon est entrée chez Leclerc pendant que celui-ci est allé fermer la porte du rempart. Elle en ressort au moment où il revient. Ils sont tous deux seuls sur la place.)

SCÈNE III.

LECLERC, DAME BOURDICHON.

DAME BOURDICHON, s'asseyant devant la porte.

Je suis encore tout abasourdie de ce que j'ai entendu... Pauvre reine! damné connétable!.... et vous n'avez pas une injure à lui jeter à la tête! vous approuvez tout ce qu'il fait, comme Bourdichon qui après avoir été retenu quatre jours au Châtelet, en est sorti plus armagnac que jamais. Il attendait avec impatience le retour du connétable, certain qu'il est d'en obtenir grande et belle récompense... Je ne sais pas ce qu'il a fait pour la mériter, mais je gage bien qu'il n'aura rien. Allons, bonsoir, maître Leclerc, je reviendrai demain savoir des nouvelles de votre fils Perrinet. Sept jours absent! c'est bien extraordinaire, et cela donnerait à penser des choses... Allons, à demain. (*En ce moment débouche de la rue une patrouille conduite par Bourdichon.*) Ouais! mon mari avec des archers!

SCÈNE IV.

LECLERC, DAME BOURDICHON, BOURDICHON, CAPITAINE DES ARCHERS, ARCHERS.

DAME BOURDICHON.

Que viens-tu donc faire ici?

BOURDICHON.

Ma femme!

DAME BOURDICHON.

Oui, que signifie?..

BOURDICHON.

Chut!..

LE CAPITAINE.

Messire Leclerc, de par le roi, ouvrez-nous votre porte.

LECLERC.

Moi!.. Me direz-vous pourquoi on vous a donné cet ordre?

LE CAPITAINE.

Parce que la reine conserve dans Paris des hommes qui lui sont dévoués et qu'on les cherche.

LECLERC.

Chez moi? je ne l'aurais pas cru. Entrez, sire capitaine, je vous suis.

(Ils entrent dans la maison ; des archers se placent auprès de la porte.)

DAME BOURDICHON.

Ah ça! tu vas m'expliquer...

BOURDICHON.

Chut!..

DAME BOURDICHON.

Crois-tu donc me faire taire?

BOURDICHON.

Je n'en ai jamais eu la prétention.

DAME BOURDICHON.

Qui cherche-t-on là?

BOURDICHON.

Perrinet... Chut!..

DAME BOURDICHON.

Sainte Vierge! et pourquoi?

BOURDICHON.

Parce que le connétable tient beaucoup à le voir pendu.

DAME BOURDICHON.

Miséricorde! et qu'a-t-il fait?

BOURDICHON.

Une action qui m'a effrayé au point de me faire entrer dans le Châtelet où l'on m'a forcé à dire des choses... Enfin suffit.

DAME BOURDICHON.

Mais Perrinet n'est pas ici.

BOURDICHON.

Je l'espère bien; sans cela les aurais-je conduits?

DAME BOURDICHON.

C'est donc toi qui l'as trahi, Judas?

BOURDICHON.

Femme! femme si l'on vous plaçait sur un grand lit de cuir, si vous voyiez s'approcher de vos bras deux bracelets de fer, solides à broyer les os d'un boucher; si vous commenciez à sentir aux pieds une chaleur si vive et si ardente que le feu de l'enfer paraîtrait à côté doux comme un soleil de printemps, vous trahiriez père et mère, c'est moi qui vous le dis.

DAME BOURDICHON.

Oh! j'avertirai Leclerc de tout ce qui se passe.

BOURDICHON.

Femme! je vous en prie, ne me compromettez pas. Le connétable m'a dit d'aller le retrouver; j'ai toute sa confiance maintenant. Je suis armagnac; ne me compromettez pas.

DAME BOURDICHON.

Il faut qu'il sache le danger de son fils.

BOURDICHON.

Mais femme, pour Dieu, taisez-vous donc!

LE CAPITAINE, *sortant de la maison avec Leclerc.*

C'est bien, messire Leclerc. (*A Bourdichon.*) Vous venez avec nous ?

BOURDICHON.

Oui, sire capitaine. (*Prenant le bras de sa femme.*) Allons, dame Bourdichon.

DAME BOURDICHON.

Vous m'emmenez! mais je viendrai demain.

BOURDICHON.

Oui! oui!..

DAME BOURDICHON.

Je lui dirai tout.

BOURDICHON.

C'est bien, c'est bien. (*A part.*) Oh! si je pouvais te faire prendre ma place au Châtelet! (*Haut.*) Venez, ma tout aimable.

DAME BOURDICHON.

Bonne nuit, messire Leclerc!

BOURDICHON.

C'est un Bourguignon, prenez donc garde!

(*Ils s'éloignent avec les archers.*)

SCÈNE V.

LECLERC, LA SENTINELLE, QUI SE PROMÈNE SUR LE REMPART, PUIS PERRINET.

LECLERC.

Comment se fait-il que ces hommes soient venus chez moi ? je n'ai rien à me reprocher et je puis dormir tranquille. (*Il rentre dans sa maison, ferme sa porte, prend une table et la pose au milieu de sa chambre.*) Allons! je souperai encore seul ce soir! (*Mettant la nappe.*) mon pauvre Perrinet ne viendra pas tenir compagnie à son vieux père. (*S'arrêtant.*) Perrinet! et si c'était lui que ces hommes sont venus chercher! Il s'est passé quelque chose de bien triste sur la place du Grand-Châtelet... Perrinet n'a pas reparu depuis ce moment... j'aurais dû interroger Bourdichon... Et pourquoi? C'est folie de concevoir de pareilles craintes! Ah! la tête d'un vieillard s'alarme facilement. (*Il continue d'apprêter son souper.*)

LA SENTINELLE.

Qui vive?

UNE VOIX, en dehors des murs.

Bourgeois de Paris.

LA SENTINELLE.

Au large! on n'entre plus.

LA VOIX, qu'on entend à peine.

Le gardien... guichet.

LA SENTINELLE.

A la bonne heure s'il le prend sur lui; mais il est couché et je ne crois pas qu'il se lève pour vous ouvrir. Holà! eh! messire gardien! holà! levez-vous!... Il faut qu'il soit sourd, ou qu'il dorme d'un bon somme! Holà! eh! debout!

LECLERC, sortant de sa maison.

Qu'y a-t-il?

LA SENTINELLE.

C'est un bourgeois qui est là-bas, hors des murs, et qui voudrait rentrer.

LECLERC.

Il est trop tard.

LA SENTINELLE.

C'est ce que je lui ai dit, mais il prétend que vous le connaissez.

LECLERC.

Son nom?

LA SENTINELLE.

Ho! eh! l'ami, comment vous nomme-t-on?

LA VOIX.

Phil... es... sins...

LA SENTINELLE.

Hein?

LA VOIX.

Philip... Ursins.

LA SENTINELLE.

Il dit qu'il s'appelle Philippe des Ursins.

LECLERC.

Eh bien!... répondez-lui que je vais lui ouvrir le guichet.

(Il va prendre les clefs chez lui.)

LA SENTINELLE.

Approchez, l'ami! on va vous ouvrir le guichet.

LA VOIX.

Merci !

LECLERC, sortant de chez lui avec les clefs.

Je ne croyais pas qu'il fût absent de la ville depuis cinq jours. D'où diable revient-il donc à cette heure? (*Ouvrant le guichet.*) Pardieu! messire Philippe, vous vous exposiez à coucher dehors. Perrinet !..

PERRINET.

Moi : oui, moi, mon père.

LECLERC.

Perrinet! mon fils!.. (*Il referme la porte.*) D'où viens-tu donc si tard ? et pourquoi ne pas te nommer?

PERRINET.

Je voulais vous surprendre, mon père, car je savais que vous auriez du plaisir à me revoir. Je suis parti sans vous dire adieu, pressé que j'étais de tenir une promesse que j'avais faite. A mon retour, la nuit m'a surpris à quatre milles d'ici, et je n'ai pas voulu attendre à demain pour entrer dans Paris.

LECLERC.

Tu as toujours été le bienvenu dans ma maison, Perrinet, mais jamais comme ce soir. Allons.

(Il l'emmène dans sa maison.)

LA SENTINELLE, pendant qu'ils traversent le théâtre.

Est-ce en effet quelqu'un de votre connaissance, messire?

LECLERC.

Oui... oui... je vous en réponds.

LA SENTINELLE.

C'est bien.

(Leclerc et Perrinet sont entrés. La porte se ferme.)

LECLERC.

Te voilà donc, enfant! te voilà donc! sais-tu que j'ai été bien tourmenté de ton absence? que mille craintes m'ont assailli? Ah! pardonne au vieillard son inquiétude: il n'a que toi, vois-tu!

PERRINET.

Mon père....

LECLERC.

Oh! que tu as bien fait de rentrer cette nuit! j'allais m'asseoir triste et seul à cette table; tu y prendras près de moi ta place accoutumée.

PERRINET.

Oui... mon père.

LECLERC.

Allons, mets-toi là. (*Ils s'asseyent.*) Tu dois avoir faim et soif! Ah ça! j'espère bien que tu ne rentreras pas chez toi ce soir.

PERRINET.

Je comptais vous demander asile pour cette nuit.

LECLERC.

Ta chambre est là-haut, toute prête.

PERRINET.

Merci.

LECLERC.

Avec un bon lit dont tu as, je présume, plus besoin que moi, car je passerais volontiers la nuit à causer ici... Tu ne manges pas?

PERRINET.

Pardon, mon père.

LECLERC.

Pourquoi ton visage, d'ordinaire joyeux et riant quand tu es ici, est-il ce soir sombre et pensif? Perrinet, tu ne me caches rien?

PERRINET.

Rien, mon père.

LECLERC.

Je te crois, et pourtant ton agitation pourrait me causer de l'inquiétude, car, il y a une heure, des soldats sont venus visiter ma maison y cherchant quelqu'un qu'ils n'ont pas nommé.

PERRINET.

Eh! bien! mon père, ce ne peut être moi, qui n'ai rien

fait, qui suis absent depuis quatre jours. Oh! comment avez-vous pensé cela?

LECLERC.

Perrinet, le connétable t'a bien sévèrement puni!

PERRINET.

Ah! vous savez cela aussi, vous?

LECLERC.

Lorsqu'il t'a livré aux mains de ses archers, tu ne t'es pas défendu?

PERRINET.

Non, mon père.

LECLERC.

Tu n'as proféré aucune menace?

PERRINET.

Aucune.

LECLERC.

Courage, jusqu'au jour où le connétable reconnaîtra sa faute.

PERRINET, se levant.

Oui! courage jusque-là. Merci, mon père.

LECLERC.

Tu me quittes déjà?

PERRINET.

La fatigue de la route... Permettez que j'aille prendre quelque repos dont j'ai besoin.

LECLERC.

En effet, tu es venu en si grande hâte que tu es couvert de sueur et de poussière. Allons, je ne te retiens pas plus long-temps. Prends cette lampe.

PERRINET.

Est-ce que vous n'allez pas vous coucher, mon père?

LECLERC.

Si fait: mais ne t'occupe pas de moi. Allons! allons, bonsoir!

PERRINET.

Bonsoir, mon père.

LECLERC, pendant que son fils monte l'escalier.

A demain! j'irai t'éveiller... et le plus tard possible, entends-tu!

PERRINET, de la chambre au-dessus.

Oui, mon père.

LECLERC, écoutant.

Il va droit à son lit.(*Rangeant sa table.*) Ah! ces jeunes gens! la moindre fatigue les abat. Si ce pauvre Perrinet était comme moi forcé de se lever pour ouvrir au connétable lorsqu'il fait sa ronde, et de se jeter sur son lit tout habillé, il se trouverait bien à plaindre! (*Il met les clefs sous son chevet.*) Mais au fait, j'ai tort de le blâmer... C'est pour me revoir plus tôt qu'il s'est fatigué ainsi.(*Pendant ces mots, il a rangé toutes ses affaires et s'est jeté sur son lit.*) Dieu m'envoie comme à lui un sommeil paisible.

PERRINET.

Attendons maintenant : attendons immobile à cette place pour qu'aucun bruit ne me découvre. Si mon père montait! s'il me trouvait là! (*Écoutant.*) Non, rien : je n'entends rien en bas.... Il me croit endormi, et pourtant il me semble que quelque chose doit lui dire que je veille... que je suis là... Oh! je voudrais retenir les battemens de mon cœur... ils me trahiront. Un mot, un cri, et mon père se réveille et la porte Saint-Germain reste fermée au parti de Bourgogne... Mon Dieu! donnez-moi des forces! soutenez-moi, mon Dieu!

(Pendant ces mots de Perrinet, le chef des archers qui arrive par le rempart s'est approché de la sentinelle et lui a donné le mot d'ordre.)

Une patrouille sans doute... oui...

(La patrouille a paru : on a changé le factionnaire, et les archers sont descendus par l'escalier.)

SCÈNE VI.

LA PATROUILLE.

OLIVIER.

Dites donc, mes maîtres! il me semble que vous m'avez oublié bien long-temps sur ce rempart. La nuit est froide et le vent souffle là-haut à vous geler un homme sur pied. Est-ce que nous n'entrons pas un moment chez le gardien?

LE CHEF.

A quoi bon ? nous n'avons rien à lui dire.

PERRINET.

Il y a des gens qui causent en bas. Oh! mon père les a entendus peut-être.

LE CHEF.

Il ne s'est rien passé pendant ta faction?

OLIVIER.

Rien. Seulement il y avait là, dehors, un bourgeois qui s'était atardé et qui demandait à entrer. Le gardien lui a ouvert.

LE CHEF.

Il était seul?

OLIVIER.

Seul.

LE CHEF.

C'est bon.

OLIVIER.

Ma foi, pour faire ce métier-ci, ce n'était guère la peine de quitter Vincennes.

LE CHEF.

Silence! Allons! en marche.

(La patrouille s'éloigne par la rue.)

SCÈNE VII.

PERRINET, LECLERC, SENTINELLE sur le rempart.

PERRINET.

Plus rien! ils se sont éloignés! tout est tranquille maintenant. (*Il se lève.*) Mes jambes tremblent sous moi: je ne pourrai jamais quitter cette place. La nuit s'avance cependant. Allons! il le faut. (*Il marche avec précaution jusqu'à la porte de sa chambre, et l'ouvre lentement.*) Il m'aura entendu! (*Appelant.*) Mon père! mon père!... Non: il dort... Que la volonté de Dieu s'accomplisse!

(Perrinet descend l'escalier lentement, s'appuyant sur la rampe, marchant sur la pointe du pied, retenant son souffle. Arrivé près du lit de son père un tremblement convulsif le saisit, il hésite quelques instans, puis enfin il alonge le bras, passe sa main sous le chevet du lit où sont les clefs et les retire doucement. En ce moment la voix de la sentinelle se fait entendre.)

LA SENTINELLE.

Sentinelles! veillez!

LECLERC, s'éveillant en sursaut.

Un homme!

VOIX dans le lointain.

Sentinelles! veillez! sentinelles! veillez!

Leclerc est resté immobile sur son lit, et son fils debout à sa place; se regardant tous deux.)

LECLERC.

Perrinet! ici! toi! que fais-tu ici?

PERRINET, d'une voix étouffée.

Moi!

LECLERC.

Comment te trouvé-je là... à mon chevet?.. tu ne t'es donc pas couché?... Réponds-moi! réponds... pourquoi rester à la même place, sans voix, immobile? Pourquoi me regarder ainsi pâle et haletant?.. Perrinet, tu m'as trompé! Perrinet, tu roules dans ta tête des projets de vengeance! Perrinet, mes clefs! tu m'as volé mes clefs!...

PERRINET.

Moi!

LECLERC.

Oui! là! sous mon chevet! pendant mon sommeil! Rends-les-moi sur l'heure, rends-les-moi, et je ne te demanderai pas ce que tu en voulais faire.

PERRINET.

Elles sont là, mon père! là! mais je les garde! il me les faut!

LECLERC.

Rends-les-moi.

PERRINET.

Il me les faut. J'ai été flétri, flétri devant tous, flétri comme un vassal. J'ai parlé en homme on m'a frappé; je me suis tu, on m'a frappé encore. Nul ne m'a sauvé, nul ne m'a défendu : à moi donc ces clefs qui me vengent!

LECLERC.

Celles que fidèlement j'ai gardées vingt ans, n'est-ce pas?

Les Bourguignons les attendent : tu les leur porteras, tu l'as promis. Ils t'ont dit, Livre-nous Paris, ton père en a les clefs; et tu leur as répondu, Pendant son sommeil, je les lui volerai ; mais leur as-tu dit aussi : S'il se réveille, je le tuerai ?

PERRINET.

Ah!..

LECLERC.

Voilà ce qu'il fallait leur dire! oui: il fallait le prévoir, car le moment pouvait venir d'exécuter cela... et il est venu... Allons donc, Perrinet! la dague au poing! ou, mes clefs! mes clefs!

PERRINET.

Arrière! mon père! oh! laissez-les-moi! laissez-les moi!

LECLERC.

Jamais, tant que je vivrai!

PERRINET.

Arrière donc! oh! je vous en conjure!

LECLERC.

La main sur ta dague! Eh! ne vois-tu pas, enfant! que tu en tourmentes en vain la poignée? qu'un regard de ton père cloue ton bras sur ta poitrine? Tu n'avais pas prévu où il t'en faudrait venir, et ce qui te reste à faire est au-dessus de tes forces. Enfant! ton père va à toi sans crainte, car ta lame ne quittera pas le fourreau.

PERRINET, tombant à genoux.

Oh! laissez-moi ces clefs! laissez-les-moi!

LECLERC.

A genoux maintenant? ce n'est plus la main sur ton poignard, c'est à mes pieds et en pleurant que tu me dis : Vieillard, laisse-moi te déshonorer! Que t'importe la honte à la fin de tes années? je l'accepte bien, moi, qui ai plus de jours à vivre!

PERRINET.

Ah! mon père!

LECLERC.

Moi, ton espoir, ton orgueil, que tu vantais sans cesse, et que tu ne pourras plus nommer maintenant!

PERRINET.

Assez, mon père, je vous en supplie!

LECLERC.

C'est avec des prières, des sanglots que tu me dis tout
cela! Oh! lève-toi, Perrinet! mieux vaut encore le blas-
phème et la dague au cœur du vieillard.

PERRINET.

Vous me maudirez, mon père, vous me tuerez ; mais j'ai
fait un serment, il faut qu'il s'accomplisse.

LECLERC.

Et quand dois-tu donc leur livrer les portes? Oh! que ta
résolution soit ferme alors, Perrinet; car je ne te quitterai
pas et il te faudra force et courage. (*On frappe à la porte de
la maison: tous deux restent immobiles.*) Qui frappe?

VOIX du dehors.

Ronde du connétable.

LECLERC.

A cette heure! que veut-il?

PERRINET.

Oh! ne me nommez pas, mon père!

(Perrinet se cache dans un coin près du lit. Leclerc va ouvrir.)

SCÈNE VIII.

LES PRÉCÉDENS, LE CONNÉTABLE, ARCHERS, BOURDICHON.

(Le connétable et sa suite sont arrivés par le rempart. La scène se passe
hors de la maison dont la porte reste ouverte.)

LECLERC.

Qu'y a-t-il donc, monseigneur?

LE CONNÉTABLE.

Vous allez suivre ces hommes, Leclerc.

LECLERC.

Moi!

LE CONNÉTABLE.

Les clefs de la porte Saint-Germain vous sont retirées.

(88)

LECLERC.

C'est un affront, monseigneur! Eh! qu'ai-je donc fait pour le mériter?

LE CONNÉTABLE.

Votre fils a commis un crime qu'il eût dû payer de sa tête, et vous êtes soupçonné d'avoir favorisé sa fuite.

LECLERC.

Lui! ô mon Dieu! (*A part.*) Je ne puis plus parler maintenant.

LE CONNÉTABLE, montrant Bourdichon.

Cet homme a l'ordre de vous remplacer.

LECLERC.

Me chasser au milieu de la nuit! Demain, monseigneur! oh! attendez à demain!

LE CONNÉTABLE

C'est à regret que j'agis ainsi, Leclerc, car je comptais sur votre fidélité. Remettez au gardien les clefs de la porte et suivez ces archers.

LECLERC, à part.

Mort si je le découvre!

LE CONNÉTABLE.

Eh! bien!

LECLERC.

Là! elles sont là dans ma chambre. (*Bourdichon entre dans la maison, prend les clefs qu'il trouve sur la table, où Pertinet les a replacées; pendant ce temps, la scène continue.*) Mais mon fils, monseigneur, mon fils! je n'ai que lui! oh! vous ne voudriez pas le tuer, n'est-ce pas? Dites-le-moi, je vous en conjure.

BOURDICHON.

Est-ce ça?

LECLERC, avec surprise.

Oui... oui... ce sont elles!... (*A part.*) Il en manque une! ah! Perrinet!

LE CONNÉTABLE.

Je vous plains, Leclerc; mais l'ordre qui le condamne ne sera pas révoqué.

LECLERC.

Il le sera, monseigneur; car vous ne repousserez pas un

vieillard qui se prosterne et se roule à vos pieds. Un mot! une promesse! oh! si vous saviez ce que ferait une promesse en ce moment!.. Rien à espérer... rien pour son père qui pleure à vos pieds! ni pitié ni pardon, monseigneur? (*Se relevant.*) Que le malheur ne retombe pas sur ma tête et que la volonté de Dieu s'accomplisse donc! Je vous suis, messieurs.

(*Il sort avec le connétable et les archers.*)

SCÈNE IX.

PERRINET, BOURDICHON au-dessus, SENTINELLE
SUR LE REMPART.

BOURDICHON, regardant partir Leclerc.

Pauvre père Leclerc! Ça m'affecte. (*Il rentre. Perrinet a éteint la lampe.*) Tiens... cette lampe brûlait tout-à-l'heure... où diable la rallumer maintenant?.. Ah! je me souviens... il y a une cheminée en haut. L'escalier doit être là... (*Il tâtonne.*) Il fait noir ici comme dans un four. (*Il monte.*)

PERRINET, à voix basse.

Mon père arrêté... Oh! ils se vengeront sur lui si je ne me hâte.

(*Il monte doucement l'escalier et enferme Bourdichon.*)

BOURDICHON.

Il n'y a pas plus de feu ici qu'en bas... Me voilà bien... sans lumière!!! Je ne sais pas trop comment je me servirai de mes clefs... (*Essayant d'ouvrir la porte.*) Il paraît qu'il ne m'a pas donné celle-ci... Le vent m'a donc enfermé?.. C'était bien la peine de me faire gardien des portes... je ne peux pas en ouvrir une.

(*Perrinet monte avec précaution l'escalier pour ne pas faire de bruit. Au moment d'atteindre le haut du rempart, il s'arrête au cri de la sentinelle qui regarde hors des murs.*)

LA SENTINELLE.

Qui vive?

PERRINET.

Ce sont eux! il les a aperçus dans la campagne!

LA SENTINELLE.

Qui vive?

(Perrinet s'élance sur le soldat, qui meurt en poussant un gémissement.)

PERRINET.

Celui-ci ne me trahira pas! (*Se penchant sur le rempart.*)
Maintenant, le signal. Trois heures! Sentinelles! veillez!

VOIX dans le lointain sur le rempart.

Sentinelles! veillez! veillez!

BOURDICHON, se mettant à la croisée.

En voilà un qui sera peut-être plus heureux que moi. Eh!
sentinelle! voudriez-vous m'ouvrir? je suis enfermé. Ah! le
voilà qui vient tout de suite! bon. (*Retournant à sa porte
qu'il essaie encore d'ouvrir.*) C'est que, voyez-vous, je ne suis
pas encore habitué à... (*Pendant ce temps, Perrinet est allé
à la porte St-Germain et a ouvert les deux battans de la
porte. Isabeau et les Bourguignons entrent en foule et dans
le plus grand silence.*) Qu'est-ce qu'il fait donc? (*Regardant
par la croisée.*) Eh! bien! on n'avait pas du tout besoin de
moi!

SCÈNE X.

LES PRÉCÉDENS, ISABEAU, VILLIERS DE L'ISLE-ADAM,
GIAC, GRAVILLE, CHEVALIERS, SOLDATS BOURGUI-
GNONS QUI CONTINUENT D'ENTRER.

ISABEAU.

Enfin! à l'hôtel St-Paul, messieurs. Giac, vous vous
parerez du roi : nous n'avons rien fait s'il nous échappe.
L'Isle-Adam, Graville, au connétable, vous autres! au connétable! Tous en petites troupes, par des rues détournées,
à l'hôtel St-Paul. Ah! qu'ils entrent lentement! Dites-leur
donc de se hâter, messieurs.

BOURDICHON.

Ah! mon Dieu! qu'est-ce que tout ça veut donc dire?

ISABEAU.

S'il y a encore dans la ville quelques soldats qui veillent,
attirons-les de ce côté. Le feu à ces maisons dès que nous
serons éloignés.

BOURDICHON, *voyant les soldats qui entrent dans la maison.*

Le feu! Miséricorde! il y a quelqu'un.

(*Les soldats s'élancent à sa chambre.*)

PERRINET, *qui est arrivé près de la reine.*

Cet homme demeure près de l'hôtel St-Paul, il vous conduira.

ISABEAU.

Giac, emmenez-le! Sont-ils tous entrés enfin?

GRAVILLE, L'ISLE-ADAM et autres chefs.

Tous.

ISABEAU.

Bien. (*Prenant les clefs des mains de Perrinet et les jetant par dessus le rempart.*) Maintenant personne ne sort, messieurs. A l'hôtel St-Paul!

TOUS.

A l'hôtel St-Paul!

(*Les Bourguignons se mettent en marche. Quelques soldats s'apprêtent à mettre le feu à la maison. La toile tombe.*)

FIN DU QUATRIÈME ACTE.

ACTE V.

La boutique de Bourdichon occupant trois ou quatre plans ; le fond en
vitraux, mais fermé par des volets seulement jusqu'à hauteur d'homme.
Au-delà de la boutique, une rue ; une maison faisant face à la boutique
devra être praticable. — Au deuxième ou troisième plan, à gauche du
spectateur, une grande cheminée gothique, pouvant contenir deux ou
trois personnes sous son manteau. — Au premier plan, du même
côté, une petite fenêtre à contrevent, à hauteur d'appui. A droite, au
deuxième plan, un escalier conduisant à l'étage supérieur. Au premier plan, une petite porte basse conduisant au dehors ; sur les murs,
des pots et des plats d'étain, indiquant la profession du propriétaire :
meubles simples. — Au lever du rideau, il fait nuit ; personne n'est
dans la boutique, qui est éclairée par la lueur d'un violent incendie
qui pénètre par les vitraux du haut. On entend un tocsin éloigné.

SCÈNE PREMIÈRE.

DAME BOURDICHON.

(Dame Bourdichon descend à moitié habillée.)

DAME BOURDICHON.

Décidément il se passe quelque chose d'extraordinaire en
ville : les cloches sonnent depuis plus d'une heure, et Saint-
Chrysostome, qui tombe demain... est un saint de trop mince
importance pour qu'on fasse pareil vacarme en son honneur.
Ah çà ! mais... il fait clair ici comme en chapelle ardente...
Sainte Vierge ! le feu serait-il à l'hôtel Saint-Paul ? Nous qui
n'en sommes séparés que par la ruelle Saint-Jean !...

(Elle ouvre sa porte, et dans la rue on voit quelques bourgeois regardant en l'air.)

DAME BOURDICHON.

Qu'est-ce qu'il y a donc?

LES BOURGEOIS.

Le feu!

DAME BOURDICHON.

Mais où est-il?

PREMIER BOURGEOIS.

A la porte Saint-Germain.

DAME BOURDICHON.

Ah! mon Dieu! En êtes-vous bien sûrs?

PREMIER BOURGEOIS.

Du Petit-Pont ça brille comme un arc-en-ciel!

DAME BOURDICHON.

On devrait aller réveiller les gens de l'hôtel Saint-Paul...
Voyez donc, tout y est tranquille et fermé comme s'il ne se
passait rien au dehors.

DEUXIÈME BOURGEOIS.

Regardez donc là-bas... cette troupe de gens...

DAME BOURDICHON.

Ce sont des soldats qui se glissent le long de la rue.

PREMIER BOURGEOIS.

Saint Jacques! j'ai vu la croix rouge... Ce sont les Bourguignons.

LES BOURGEOIS.

Les Bourguignons! Sauve qui peut!... Barricadons-nous.

(Les bourgeois rentrent chez (.. On voit et on entend se fermer vivement plusieurs portes. Dame Bourdichon pousse la sienne. Par les
vitraux du haut on voit de nombreux fers de lance briller à la clarté
de l'incendie, et passer rapidement. Dame Bourdichon, à demi morte
de peur, est restée appuyée contre sa porte, qu'elle a verrouillée. En
ce moment, on entend tout à coup, du côté de l'hôtel Saint-Paul, une
explosion de cris: Bourgogne! Bourgogne! Vive Bourgogne! A sac!
à sac!)

DAME BOURDICHON.

Ils sont à l'hôtel Saint-Paul; ils vont prendre le roi et le
connétable... C'est par la porte Saint-Germain qu'ils seront
entrés. Je n'ai pas une goutte de sang dans les veines... Je ne
peux plus me tenir sur mes jambes...

(Elle va s'asseoir sur une chaise adossée à la porte bâtarde.)

Ah !...

(Dans ce moment, la porte s'ouvre derrière la chaise de dame Bourdichon, et son mari, pâle, effaré, paraît, et lui met la main sur
l'épaule.)

SCÈNE II.

LA MÊME, BOURDICHON.

BOURDICHON.

Femme !...

DAME BOURDICHON.

Sainte Marie !... Bourdichon !

BOURDICHON.

Moi-même... en chair et en os.

DAME BOURDICHON.

Les Bourguignons sont dans la ville.

BOURDICHON.

A qui le dites-vous !

DAME BOURDICHON.

Ils vont tuer le connétable.

BOURDICHON.

Femme, Dieu vous entende !

DAME BOURDICHON.

Qu'est-ce que tu dis là ?... Tu n'es donc plus d'Armagnac?

BOURDICHON.

Si fait, pour mon malheur... car si mon parti l'emporte, le
moins qu'il me puisse arriver sera d'être pendu.

DAME BOURDICHON.

Pendu !

BOURDICHON.

Sans doute, car on ne manquera pas de dire que j'ai livré
les clefs de la ville... et je veux mourir sur l'heure si j'en ai
donné une seule... On m'accusera d'avoir servi de guide aux
Bourguignons, et je ne l'ai fait que pour ne pas être rôti
comme un païen... Mais j'aurai beau dire, on ne croira pas

à mon innocence, et vous serez veuve, dame Bourdichon, veuve dans le plus bref délai. Je voudrais bien maintenant être à la place du père Leclerc : on l'a mis au Châtelet ; mais les Bourguignons en ont ouvert les portes.

(Le feu brille beaucoup plus fort.)

DAME BOURDICHON.

Ah ! mon Dieu ! Bourdichon, regarde donc !

(Ici des cris perçans se font entendre.)

BOURDICHON.

Les endiablés mettent le feu à l'hôtel Saint-Paul... Ils n'auront pu trouver le connétable, et ils veulent le griller dans sa cachette.

DAME BOURDICHON.

Mais le feu va nous gagner, nous qui sommes tout à côté de l'hôtel ! La fenêtre d'en haut est restée ouverte.

BOURDICHON.

Je vas la fermer. Si l'on frappe ici, pour Dieu, femme, ne répondez pas... Quelle nuit ! Pauvre Bourdichon, dans quel guêpier t'es-tu fourré ?... avec tes opinions politiques...

(Il monte l'escalier.)

SCÈNE III.

DAME BOURDICHON, puis LE ROI et LE CONNÉTABLE.

DAME BOURDICHON.

Répondre !... Dieu m'en préserve !

(Elle va fermer la petite porte bâtarde, puis elle écoute.)

On doit rougir plus d'une dague à l'hôtel Saint-Paul. Ah ! ça fait mal, rien que d'y penser...

(Cris au lointain de Bourgogne !)

Miséricorde ! on dirait que les cris viennent du jardin de l'hôtel, qui touche à la ruelle, et ce contrevent n'est peut-être pas bien fermé seulement.

(Au moment où elle va fermer la fenêtre, elle s'ouvre tout à coup violemment. Dame Bourdichon recule épouvantée, et le connétable paraît en désordre, sans armure, la dague dans les dents, tenant dans ses bras le roi presque nu. Il passe pardessus le soubassement de la fenêtre.)

DAME BOURDICHON, criant.

A l'aide! à l'ai...

LE CONNÉTABLE.

Sur votre salut, femme, taisez-vous!

DAME BOURDICHON, tombant presque à genoux.

Sainte mère de Dieu! le connétable!

(D'Armagnac a posé le roi sur une chaise, tout enveloppé qu'il est d'une couverture ou manteau de couleur brune; puis il a refermé vivement la fenêtre. Dame Bourdichon n'a pu distinguer les traits du roi, qui d'ailleurs est tout-à-fait méconnaissable dans son bizarre accoutrement.)

LE CONNÉTABLE, allant à dame Bourdichon.

Oui, je suis d'Armagnac, connétable de France, et je me fie à vous... Surpris ainsi au milieu de la nuit, sans armes! Oh! les traîtres! oh! les félons, qui m'ont livré! Mais je leur échappe... Ils ne parviendront pas à me découvrir ici. Femme, tu ne me dénonceras pas?

DAME BOURDICHON.

Moi, monseigneur? Oh! je vous jure...

LE CONNÉTABLE.

Bien... Je vous récompenserai comme doit le faire le premier du royaume.

DAME BOURDICHON, à part.

Allons, ça sauvera mon mari peut-être. Soyez tranquille, monseigneur, je vous cacherai si bien... Mais vous n'êtes pas seul!

(Elle montre le roi.)

LE CONNÉTABLE.

C'est un vieillard que la flamme allait atteindre dans son lit, si je ne l'en eusse arraché.

DAME BOURDICHON.

Voyez donc comme il tremble!

LE ROI, d'une voix faible.

Oh, oh! j'ai bien froid.

LE CONNÉTABLE.

Vite, vite... femme, rallumez votre feu... la main de ce vieillard est glacée.

DAME BOURDICHON.

Oui, oui... je vas chercher du bois, monseigneur.

(Cris de Bourgogne! au lointain.)

LE CONNÉTABLE.

Pas de bruit surtout.

(Écoutant les cris de Bourgogne, qui retentissent au loin.)

Toujours ces cris! Bourgogne! Bourgogne dans la ville! oh! mais c'est un rêve! Qui donc leur a livré les portes? Imprudent! m'être laissé surprendre comme un enfant! n'avoir pas deviné que, pendant mon sommeil, la trahison veillait! O mes armagnacs, que vous êtes lents à prendre les armes! Dupuy! que fait Dupuy? C'est par cette rue qu'ils passeront pour aller au secours de l'hôtel Saint-Paul... Attendons... Tout n'est pas désespéré encore... le roi, que mes ennemis cherchent maintenant partout... il est là... en ma puissance... Oh! s'il pouvait me comprendre, du moins..... Mais il reste insensible à tout ce qui l'entoure... il ne s'aperçoit même pas de ma présence!... Sire, je suis là... moi, Bernard, votre connétable... Je vous ai sauvé... car Bourgogne, votre ennemi, a pénétré dans votre ville... et je vous cache ici, en attendant que je puisse, à la tête de mes hommes d'armes, vous conduire à la Bastille, qui est imprenable, comme vous savez... Sire, m'entendez-vous?

LE ROI.

Connétable, j'ai bien froid.

DAME BOURDICHON, rentrant.

Voilà du bois.

LE CONNÉTABLE, à part.

Toujours en démence!... et c'est pourtant ce vieillard qui fait toute ma force!... Cette femme, heureusement, ne l'a pas reconnu.

(Dame Bourdichon rentre avec du bois qu'elle jette dans la cheminée, et qui ranime le feu. Le roi s'en est vivement approché, et s'est assis sur un escabeau. — Ici, dans la rue, des cris d'Armagnac!)

LE CONNÉTABLE.

Enfin.... les voilà!..... Ouvrez cette porte, femme; ouvrez donc!

DAME BOURDICHON.

Oh! mon Dieu, je ne sais plus où est la clef!

(Cris d'Armagnac!)

(Ici on voit briller encore dans la rue des fers de lances. Le connétable s'élance alors à la porte, et l'ouvre.)

LE CONNÉTABLE.

Ouvrez donc!... A moi, Dupuy! à moi, mes armagnacs, à moi!

SCÈNE IV.

LES MÊMES; DUPUY, OLIVIER, ROBERT, ARCHERS.

(Dupuy et ses hommes d'armes se précipitent dans la maison. Le roi est toujours sous le manteau de la cheminée, où on le devine à peine.)

DUPUY.

Le connétable!

LE CONNÉTABLE.

Une épée d'abord, une épée! (*On lui donne une épée.*) Et maintenant, dites-moi... oh! dites-moi vite, où est le dauphin Charles?

DUPUY.

Tanneguy Duchâtel l'a sauvé... il est en sûreté à la Bastille. (*Plus bas.*) Mais le roi?

LE CONNÉTABLE, prenant Dupuy à part.

Sauvé aussi... regardez...

DUPUY.

Le roi!

LE CONNÉTABLE.

Silence! Tout peut encore se réparer.

DUPUY.

Mais il faut que vos soldats vous revoient, monseigneur.

LE CONNÉTABLE.

Défendent-ils leurs postes?

DUPUY.

Ceux du Châtelet se sont fait tuer; car le Châtelet est perdu et ses prisons ouvertes.

LE CONNÉTABLE.

Et la tour du palais, l'a-t-on abandonnée?

DUPUY.

Non : vos archers génois ont repoussé plusieurs assauts,
et la garde bourgeoise s'y rend en toute hâte.

LE CONNÉTABLE.

J'y cours aussi. Dupuy, je vous confie le roi : conduisez-le
à la Bastille. Vous m'en répondez, songez-y ; il faut le sauver.
Vous me retrouverez à la tour du palais, ou ici si je ne puis
passer. Avec moi, quelques hommes seulement, et un guide
qui nous fasse éviter les postes des Bourguignons.

DAME BOURDICHON.

(*A part.*) Quelle idée ! (*Haut.*) Mon mari, monseigneur !
(*Appelant.*) Bourdichon !

BOURDICHON , descendant vivement.

Qu'est-ce qu'il y a ? Le connétable ! Femme, vous voulez
donc ma mort ?

DAME BOURDICHON.

Je veux te sauver, au contraire.

LE CONNÉTABLE.

Toi ici !... Et qu'as-tu fait des clefs que je t'ai confiées ?

DAME BOURDICHON.

Ah ! monseigneur, on a brûlé la porte, et on a voulu tuer
mon pauvre mari, qui vous est dévoué.... Il sait où sont les
Bourguignons... il vous servira de guide, et vous prouvera
ainsi qu'il était bon armagnac.

BOURDICHON , bas, à sa femme.

Qu'est-ce que vous dites donc ?

LE CONNÉTABLE.

Archers, placez cet homme entre vous, et, s'il nous
trahit...

OLIVIER.

Il suffit, monseigneur.

BOURDICHON.

Nous ne ferons pas quarante pas sans rencontrer l'ennemi.

LE CONNÉTABLE.

Dupuy, vous avez reçu mes ordres : le sauver ou mourir,
ne l'oubliez pas.

DUPUY.

Non, monseigneur.

BOURDICHON, *ouvrant la petite porte.*

Par ici... par ici.

OLIVIER.

Marche devant.

(Ils sortent par la petite porte. Le roi, Dupuy, dame Bourdichon et les archers restent en scène.)

SCÈNE V.

DUPUY, LE ROI, DAME BOURDICHON, LES ARCHERS.

DUPUY, *à ses soldats.*

Or ça, mes braves, nous avons à remplir une importante et périlleuse mission. Il faut aller jusqu'à la Bastille.

(Il s'avance vers le roi, et lui dit à voix basse et avec respect.)

Monseigneur le roi veut-il nous suivre?

DAME BOURDICHON, *revenant.*

Tiens! pourquoi donc voulez-vous déranger ce vieillard? Il est si bien là!

DUPUY.

Silence, femme.

(Les archers sortent. Dupuy tend les bras au roi. On entend du côté opposé à celui par lequel est sorti le connétable, les cris de : Bourgogne ! Bourgogne !)

LES ARCHERS.

Les Bourguignons!

DUPUY, *courant au fond.*

Ils nous ferment le chemin de la Bastille.

UN ARCHER.

Ils nous ont vus, et courent à nous!

DUPUY, *regardant le roi, mais toujours à la porte.*

On pourrait le reconnaître... et nous l'enlever. Il n'y a pas à balancer, aux Bourguignons d'abord; nous reviendrons ensuite... Femme, fermez votre porte... Vous nous répondez de ce vieillard. *(S'élançant dehors.)* Armagnac!

LES ARCHERS.

Armagnac!

(Cris dans la coulisse : Bourgogne! Bourgogne!)

(Dame Bourdichon ferme vivement la porte du fond. On entend les cris de guerre et le bruit du combat. Le roi est resté immobile sur son escabeau, tenant sa tête dans ses mains.)

SCÈNE VI.

LE ROI, DAME BOURDICHON.

DAME BOURDICHON.

Sainte Vierge! les voilà qui s'égorgent!... Heureusement ils n'ont pas emmené ce pauvre homme, qu'on aurait tué dans cette mêlée. Les Bourguignons ont eu le dessus, je crois.

(On frappe violemment à la porte du fond.)

Ah, mon Dieu! qui va là?

PERRINET, au dehors.

Ouvrez, c'est Perrinet.

DAME BOURDICHON.

Perrinet! bonté de Dieu! Il n'est pas tué, le brave jeune homme!

(Elle court ouvrir.)

PERRINET, blessé, poussant Isabelle dans la boutique.

Ici, madame, ici! L'hôtel Saint-Paul s'écroule dans les flammes, et vous n'avez plus que cet asile.

ISABELLE.

Ils vont revenir peut-être.

PERRINET.

Non : ils meurent ou fuient devant nous.

DAME BOURDICHON.

La reine!

ISABELLE.

Oh! c'est une horrible nuit! Perrinet, vous ne me laisserez pas seule.

PERRINET.

Vous êtes en sûreté. Les seigneurs de l'Isle-Adam, de Giac
et de Graville vous savent ici, et viendront vous y joindre.
Moi, j'ai fait un serment, je dois le remplir.

ISABELLE.

Le connétable!

PERRINET, avec force.

Le connétable... ah! je le cherche, madame.

(Il s'élance au dehors.)

SCÈNE VII.

ISABELLE, DAME BOURDICHON.

ISABELLE.

Il s'éloigne!

DAME BOURDICHON.

Perrinet! Perrinet!

ISABELLE.

N'appelez pas!

DAME BOURDICHON.

Non... non, madame.

ISABELLE.

Ne voyez-vous pas que je suis seule ici, et que d'autres
que lui pourraient venir à vos cris?

DAME BOURDICHON.

C'est vrai.

ISABELLE.

Pas de bruit, pas de clarté non plus : rien qui puisse attirer les regards.

DAME BOURDICHON.

Je vais éteindre la lampe.

ISABELLE.

Et maintenant n'y a-t-il que cette boutique qui donne sur
la rue?

DAME BOURDICHON.

J'ai encore ma chambre en haut.

ISABELLE.

Montez-y, madame, et s'il passe quelque troupe criant Bourgogne! oh! appelez-la! car ce sera celle des seigneurs de Villiers et de Graville.

DAME BOURDICHON.

Oui, madame la reine.

(Elle monte dans sa chambre.)

SCÈNE VIII.

ISABELLE , s'asseyant.

Les insensés! avoir mis le feu à l'hôtel St-Paul!... me priver d'un asile, comme si je pouvais m'exposer avec eux et combattre! Oh! la rage les aveugle!... Graville et Villiers les ramèneront... Eux seuls n'ont pas oublié la reine... La ville est redevenue calme et silencieuse! on la dirait endormie, et cependant tous les yeux sont ouverts, toutes les oreilles sont attentives! Ah! d'Armagnac, as-tu comme moi trouvé une retraite, et le jour de demain te verra-t-il vivant? Que cette nuit est longue, ô mon Dieu!

SCÈNE IX.

ISABELLE, LE CONNÉTABLE, RENTRANT PAR LA PORTE BATARDE.

(Le connétable est blessé et marche avec peine. L'obscurité est complète.)

LE CONNÉTABLE, à part.

Sauvé! encore une fois! Ils sont maîtres de toutes les rues! ils m'ont enveloppé! Oh! les traîtres!

ISABELLE, à part.

Du bruit!

LE CONNÉTABLE.

Dupuy n'est plus là! il aura passé, lui! mais pourra-t-il revenir?

ISABELLE.

On a parlé!

LE CONNÉTABLE, *marchant de son côté en cherchant à s'asseoir.*

Cette blessure épuisera-t-elle mes forces? Oh! non, non; mon sang coule à peine. (*D'Armagnac arrivé près de la reine a posé la main sur le dos de la chaise. Isabelle s'est levée avec précipitation.*) Il y a quelqu'un ici?

ISABELLE.

Qui donc est près de moi?

LE CONNÉTABLE, haut.

Qui êtes-vous? répondez.

ISABELLE.

D'Armagnac!...

LE CONNÉTABLE.

Répondez. (*Il lui saisit le bras.*) Oh! vous ne vous en irez pas! Vous n'êtes point cette femme que j'ai vue ici... pourquoi garder le silence?... craignez-vous d'être reconnue?... Bien. (*Portant la main sur le bras et sur la tête de la reine.*) De l'or!... une couronne!... Ah! Isabelle!... (*Le foyer a jeté une lueur plus vive, et on a vu la tête du vieux roi qui s'est relevée à ce nom.*) Isabelle!... Oh! je suis perdu!

ISABELLE.

En son pouvoir, ô mon Dieu!

LE CONÉNTABLE, à part.

Les Bourguignons sont-ils ici? ou a-t-elle comme moi cherché un refuge dans cette maison?

ISABELLE, à part.

Les soldats lui ont-ils donc ouvert un passage?

LE CONNÉTABLE, haut.

Isabelle, tu es seule, car je serais mort maintenant.

ISABELLE, haut.

Si tu pouvais sortir, tu m'aurais déjà entraînée avec toi.

LE CONNÉTABLE.

Tes Bourguignons me ferment la route, Isabelle.

ISABELLE.

Je n'ai pas près de moi un poignard qui puisse aller à ta poitrine.

LE CONNÉTABLE.

Non: il ne viendra pas à tes cris l'homme qui aurait pu

les entendre, et qui, près de cette maison, s'est élancé sur moi en criant Perrinet!

ISABELLE.

Ah!

LE CONNÉTABLE.

Je l'ai frappé et nous sommes seuls. Ainsi il nous faut à tous deux aide et secours, et chacun de nous l'attend ici... Dupuy! pourras-tu arriver jusqu'à moi?

ISABELLE.

L'Isle-Adam, Graville, où êtes-vous?

LE CONNÉTABLE.

Ils t'oublient, Isabelle.

(On entend au loin des cris de Bourgogne!)

ISABELLE.

Ah! ce sont eux! Entends-tu, Armagnac?

LE CONNÉTABLE.

Oui... qu'ils viennent donc! (*Autres cris d'Armagnac!*) Mais ils n'arriveront pas les premiers... Écoute, Isabelle!

ISABELLE.

Vain espoir! ils se sont tus déjà. Car le peuple cette nuit crie vive Bourgogne!

LE CONNÉTABLE.

Il criera demain vive Armagnac!

LE ROI, qui s'est levé et s'est approché peu à peu, se plaçant entr'eux.

Et qui donc criera : Vive la France?

LE CONNÉTABLE ET ISABELLE, reculant.

Ah! le roi!...

LE ROI.

La France! N'y a-t-il donc plus dans ce malheureux royaume qu'un vieillard en démence qui se souvienne d'elle? l'ont-ils tous oubliée ceux dont la tête est forte et le cœur jeune? Toujours Armagnac ou Bourgogne, et pour elle rien!.. Et cependant son sang coule, et j'en dois compte à Dieu, moi qui ne porte sur l'épaule ni croix blanche ni croix rouge.

ISABELLE.

Le roi! ici!

LE ROI.

Ils le versent ce sang dans leurs querelles, oubliant celui qui en répond seul, celui dont le nom seul fait toute leur force: cette vieille royauté qu'on dédaigne se réveille un moment: elle vous demande compte des crimes dont vous la chargez. On combat pour vous là-bas; on vous juge ici. Armagnac, je t'ai demandé pour mes peuples aide et protection: je t'ai remis mon royaume: qu'en as-tu fait, Armagnac?

LE CONNÉTABLE.

Que celle-là vous réponde qui l'a livré à l'étranger, sire.

LE ROI.

Et cependant elle avait juré de le défendre.

ISABELLE.

Ne m'en a-t-il pas proscrite, lui?

LE ROI.

Oui... haine et trahison de toutes parts. A qui donc ici dois-je plus de malédictions?

ISABELLE.

Demandez à celui qui m'a chassée d'auprès de vous.

LE CONNÉTABLE.

Demandez à la reine adultère.

ISABELLE.

Il a voulu me flétrir d'un crime qu'il n'a pu prouver.

LE ROI.

Et vous vous justifiez avec le fer et le feu, Isabelle! Avez-vous cru que le roi serait toujours en démence, et n'avez-vous pas tremblé en pensant qu'un éclair de raison pouvait lui venir?

ISABELLE, à part avec effroi.

Seule ici!

LE ROI.

Dieu le permet quelquefois, et alors il se souvient et on ne le trompe plus. Isabelle, tu as déshonoré ma vieillesse: honte et opprobre sur toi, Isabelle!

ISABELLE.

Ah!

LE ROI.

Isabelle, tu as trahi ce royaume; tu as livré ma couronne : mort et damnation sur toi, Isabelle!

ISABELLE.

Mon Dieu!

LE ROI.

Mort et damnation : c'est ta sentence que j'ai prononcée.

ISABELLE.

Qui donc osera l'exécuter?

LE CONNÉTABLE.

Celui qui n'a jamais trahi son maître, et qui lui sera fidèle encore cette fois.

ISABELLE.

C'est un assassinat que tu veux commettre!

LE ROI.

C'est l'arrêt de ton juge, auquel il obéit.

ISABELLE.

Non : cela ne sera pas : vous rétractez déjà ces terribles paroles. Vous ne condamnerez pas ainsi une reine, une femme qui vous demande grâce, monseigneur : car elle est seule et sans défense, et rien ne peut écarter le fer de sa poitrine. Si elle est coupable, livrez-la aux pairs du royaur ; mais ne la tuez pas, monseigneur.

LE ROI.

Oui, à mes pieds! c'est là ta place, Isabelle.

ISABELLE.

Cette femme vous l'avez aimée, et vous ne la repousserez pas quand elle vous supplie; quand elle implore une grâce!

LE CONNÉTABLE.

Sire, elle vous parlait ainsi lorsqu'elle demandait pour Bourdon le commandement de Vincennes.

ISABELLE.

Ah!

LE ROI.

Bourdon!...

ISABELLE.

Assez de sang a déjà coulé, faut-il encore y ajouter le mien? le mien dont vous rendrez compte à Dieu, monseigneur! et qui sera toujours là, devant vous.

LE ROI.

Isabelle!...

ISABELLE.

Devant vous, à la place de ce fantôme qui ne vous quitte pas.

LE ROI.

Il est donc là encore!

LE CONNÉTABLE.

Monseigneur, rappelez votre raison.

LE ROI.

Il est là!

ISABELLE.

Dites-lui de me tuer maintenant, et demain vous me reverrez aussi.

LE ROI.

Non... non...

LE CONNÉTABLE.

Ah!... Isabelle!

(Cris de vive la reine!)

ISABELLE.

Enfin! ils viennent!... Où sont tes soldats, Armagnac?

SCÈNE X.

LES PRÉCÉDENS, VILLIERS DE L'ISLE-ADAM, GRA-VILLE, SOLDATS BOURGUIGNONS SE PRÉCIPITANT DANS L'APPARTEMENT.

LA REINE.

Au connétable! au connétable! Le voilà!

TOUS.

Mort!

LE ROI, *se jetant devant eux et l'entourant de ses bras.*

Que veulent donc ces hommes? Ah! qui que vous soyez, ne le tuez pas! car c'est le seul ami qui me reste! Vous ne le frapperez pas dans mes bras.

GRAVILLE.

Le roi!...

LE ROI, *allant à Isabelle.*

Vous demandez sa mort; pourquoi? Que vous a-t-il fait à vous, Isabelle?

ISABELLE, *prenant avec force les mains du roi.*

Je suis reine et régente, qu'on m'obéisse!

(*On se jette sur le connétable qui tombe à moitié renversé; le roi pousse un cri et cache sa figure dans ses mains; en ce moment un homme fend la foule, un parchemin d'une main, de l'autre une dague.*)

SCÈNE XI.

LES MÊMES, PERRINET.

PERRINET, *paraissant ensanglanté à la petite porte.*

Arrêtez! cet homme m'appartient!

LA REINE.

Perrinet!

PERRINET.

Isabelle, reine et régente de France, m'a donné la vie du connétable!

LE ROI.

Ah! tu ne veux pas le tuer, toi! Entoure-le de tes bras, car ils vont l'assassiner, vois-tu!

PERRINET.

Pas une de leurs dagues ne touchera sa poitrine. Reine, j'ai tenu ma parole, manquerez-vous à la vôtre? mourant je viens la réclamer. Voici votre sceau royal. Dites-leur donc que personne n'a le droit de disposer de sa vie, pas même vous.

ISABELLE.

Oui, cela est vrai, mais quand tu me l'as demandée tu n'avais pas dessein de me trahir, n'est-ce pas? Sire, éloignez-vous; ce n'est plus ici votre place.

LE ROI, qu'on entraîne vers le fond.

Ah! oui! oui!... Mais vous épargnerez sa tête!

PERRINET, qui s'est traîné jusqu'au connétable, sa dague à la main.

Connétable, tu m'as fait porter sur l'épaule la croix rouge de Bourgogne. J'ai juré Dieu que tu la porterais vivant sur la poitrine! Tiens! la voilà!

(Avec la pointe du poignard il lui laboure la poitrine.)

LE CONNÉTABLE.

Ah!

PERRINET, rendant le parchemin à Isabelle.

Reine, j'ai rempli mon serment; reprenez votre parole. A moi... son honneur.

(Il tombe en souriant et meurt.)

LA REINE, avec joie.

A moi sa vie!

(Aussitôt on se jette sur le connétable, qui reçoit à la fois vingt coups de poignard; le roi au fond, toujours retenu, avance la tête pour voir ce qui se passe en entendant les cris de d'Armagnac.)

FIN.

EXTRAIT
DU CATALOGUE DE LIVRES

Chez **J. N. BARBA, Palais-Royal**, à côté de Chevet.

On trouve chez le même Libraire tous les ouvrages nouveaux.

LOUIS-PHILIPPE, ROI DES FRANÇAIS, ET SA FAMILLE, par un patriote de 1789, volume in-18 de 400 pag. orné de 3 portraits. 3 fr.

AMOURS (les) DE PSYCHÉ ET DE CUPIDON, in-folio orné de 33 gravures d'après Raphaël, sur papier de chine, cartonné à la Bradel, au lieu de 120 f. 30 fr.

CORRESPONDANCE LITTÉRAIRE, philosophique et critique de Grimm et Diderot, depuis 1753 jusqu'en 1790, 16 vol. in-8, nouv. et belle édit. 50 fr.

CUISINIER ROYAL (le), 14e édit., ou l'art de faire la cuisine, la pâtisserie et l'office, par Viard, Fouret et Délan, augmenté par ce dernier de 300 articles nouveaux, très fort vol. in-8, orné de 9 planches pour le service des tables, depuis 12 couverts jusqu'à 60. 7 f. 50 c.

DESCRIPTION DE L'ÉGYPTE, ou Recueil des observations, des recherches qui ont été faites pendant l'expédition de l'armée française, par Panckoucke, 1821 à 1830, 26 vol. in-8, br., et 211 livraisons in-fol. contenant 866 planches, y compris le frontispice. Très bel exemplaire. Au lieu de 3,900 fr. 800 fr.

DICTIONNAIRE DE LA PÉNALITÉ dans toutes les parties du monde, dédié au jeune barreau dans la personne de Mérilhou. 5 vol. in-8 de 600 pag., orn. de 60 fig. Au lieu de 80 fr. 30 fr.

DICTIONNAIRE philosophique, par Voltaire, 8 forts v. in-12. 9 fr.

Le même, 9 vol. in-18. gr. raisin v. 9 fr.

FABLES CHOISIES, in-8 obl., orné de 53 gr., par Couché, broché 4 fr., cartonné 5 fr.

GALERIE DE FLORENCE, 50 livraisons in-folio, ornées de 200 belles planches, sur papier de chine, plus de 400 sujets gravés par les plus habiles artistes, le texte sur papier vél., par Mongez. Au lieu de 1,200 fr. première édit. 300 fr.

Idem, cartonné à la Bradel, 1789. 350 fr.

Idem, 50 livraisons. 200 fr.

HISTOIRE DE FRANCE (Abrégé de l'), depuis le commencement de la monarchie, avec cette épigraphe : la *vérité, toute la vérité, rien que la vérité*, par Pigault-Lebrun, 8 forts vol. in-8. Au lieu de 56 f. 28 fr.

LES LUSIADES, poème de Camoens, trad. par Millié, imprimé sur très beau papier par Didot, 2 volumes in-8. Au lieu de 14 fr. 7 fr.

LETTRES DE MADAME DE SÉVIGNÉ, avec des notes et remarques, par Saint-Surin et Montmerqué, 10 vol. in-8, papier vélin, imprim. par Didot, orn. de 35 fig. et *fac simile*. 60 fr.

—— INÉDITES, in-8, 6 belles fig. et portr. 2 fr 50 c.

LETTRES DE MADAME DE SÉVIGNÉ, 13 vol. in-12 de 500 pages, imp. par Didot, 28 portr., et *fac simile*. 22 fr.
Idem, pap. vélin, fig. et portr. 30 fr.

OEUVRES DE BUFFON, avec toutes les suites données par nos plus célèbres naturalistes, édition publiée par Sonnini, 127 vol. in-8, ornés de 1,156 planches color. avec beaucoup de soin. Au lieu de 1,500 600 fr.

Idem, ex. en noir, prem. épr. cart. à la Brad. 350 fr.
Les 1,150 grav. de Buffon-Sonnini, tirées sur papier vélin, parfaitement coloriées, contenant plus de 4,000 sujets. 300 fr.
Idem, les 1,150 figures noires. 150 fr.
Les parties des figur. coloriées séparées.
L'histoire naturelle, 57 planches. 20 fr.
Les quadrupèdes, 230 planches. 70 fr.
Les singes, 69 planches. 27 fr.
Les oiseaux, 257 planches. 84 fr.
Les reptiles, 100 planches. 35 fr.
Les mollusques, 72 planches. 25 fr.
Les insectes, 113 planches. 40 fr.
Les poissons, 86 planches. 30 fr.
Les plantes, 150 planches. 62 fr.

OEUVRES DE RACINE, édit. de Barba, 5 vol. in-8, 13 fig. 10 fr.

——— DE DULAURE. Histoire des environs de Paris, 14 vol. in-8, ornés de près de 100 planches et d'une très belle carte sur une étendue de 44 lieues sur 68. 50 fr.

——— DE DUVAL, 9 forts v. in-8. imp. par Didot, sur beau pap., portr., au lieu de 63 f. 36 fr.

——— DE COLLIN D'HARLEVILLE, nouv. édit. ornée de 12 jolies grav. et portr. par Couché, 8 vol. in-18. 6 fr.

——— DE MAD. COTTIN, 9 vol. in-8, belle éd. port. 10 fr.

——— COMPLÈTES DE PICARD, 11 vol. in-8, compris le vol. républicain, beau pap., impr. par Didot, b. portrait, 60 fr. — Le tome 11 séparément. 5 fr.

OEUVRES COMPLÈTES DE PIGAULT-LEBRUN, imp. par Didot, sur très beau papier, 29 forts vol. in-8, port., y compris le Citateur, le Voyage dans le midi de la France et l'Histoire de France. 110 fr.

PAUL ET VIRGINIE, pap. vél. in-fol., imp. par Didot aîné, 1816, fig. av. la lettre cartonné à la Bradel. Au lieu de 168 fr. 30 fr.

PORTRAITS DES HOMMES ILLUSTRES du dix-huitième siècle, dessinés d'après nature et gravés par Edelink, Lubin van Schuppen, Dufflos et Simonneau, 104 portr. et texte, 1 vol. in-fol., cartonné. 30 fr.

TABLEAUX HISTORIQUES de la révolution française, par Fauchet, Chamfort, Ginguené et Bonneville, 3 vol. in-fol., cart., non rogné, orn. de 220 grav., y compris les 66 portr., très bel exempl. complet 250 fr.

TRAITÉ DE LA LÉGISLATION DES THÉÂTRES, ou Exposé complet méthodique des lois et de la jurisprudence relativement aux théâtres et spectacles publics, renfermant 1° droits et obligations des directeurs, acteurs et autres personnes attachées aux théâtres dans leurs rapports avec l'autorité publique et dans leurs intérêts privés; 2° le texte des lois, décrets, ordonnances, réglemens et circulaires, par M. Vivien, avocat; et M. Edmond Blanc, avocat aux conseils du roi, vol. in-8 de 500 pag. Au lieu de 7 fr. 3 fr.

VIE DES SAINTS, pour tous les jours de l'année, orn. de 365 grav. et 2 frontispices, 2 volum. in-4, cartonnés à la Bradel. 30 fr.

VOYAGE DE NAPLES et de Sicile, par Saint-Non, 5 vol. in-fol. rel. en v., ornés de 370 planch., y compris le Phallus et les doubles médailles dessin. et grav. par les plus habiles artistes, prem. épr. 450 f.